改訂版

超人材難でも稼げるスゴい工場

清水英敦
HIDEATSU SHIMIZU

幻冬舎MC

超人材難でも稼げる
スゴい工場〔改訂版〕

はじめに

近年、日本の中小製造業が人手不足に苦しむ状況が続いています。経済産業省が発行した「2019年版ものづくり白書」によれば、生産現場の人手不足を感じている中小メーカーは75％にものぼっています。

しかも製造業の人手不足は、今後も改善の兆しが見えません。背景にあるのは日本の労働力人口の減少です。総務省統計局の人口推計（2012年）によると、働き手の主力である15〜64歳の「生産年齢人口」が全人口に占める割合は、1990年代の70％をピークに減少の一途をたどっており、ここ数年のうちに60％を割り込むとまでいわれるほどです。また、社会保障・人口問題研究所の調査でも、2015年の7728万人から2065年には約4529万人に減ると予想されており、今後人手不足が自然に解消される可能性はありません。

さらに、新たな人材が獲得できない一方で、これまで労働者のボリュームゾーンだった熟練作業者は次々と定年退職を迎えます。経験豊富なベテランの退職は、単に数の問題にとどまりません。深い知識と高度な技術を有する熟練作業者が製品のクオリティーを一手に担保している企業も少なくないのです。

若い人材は集まらず、熟練作業者はどんどん辞めていく――こうして製造業の生産現場において働き手が減っていくと、おのずと生産能力が低下していきます。すると受注に生産が追いつかず、数少ない作業者にしわ寄せがいけば、その負担に耐えかねて1人、また1人と会社を辞めていく事態にもなりかねません。結果的に受注を絞らざるを得なくなり、このまま何も対策を講じなければ経営が行き詰まるのは明白です。

私は大学卒業後、大手メーカーで一貫して生産管理や製造・技術に関わってきました。その経験を活かして、生産ラインの自動化システムや組み付け装置を提案営業する今の会社に転職。現在は経営者として業績不振に陥った中小製造業の立て直しをサポートしています。

こうした中で出会った経営者の多くは、「人が足りないから生産が追いつかない」「熟練の作業者がいなくなったら工場が回らなくなる」と〝人に依存している〟という共通の問題を抱えていました。しかしいずれの企業でも、私が提案する自動化システムなどを導入した結果、社員数は減っても売り上げを確実に増加させています。

このように人材難に悩む多くの経営者の相談に応えてきた中で確信しているのは、人材難の今こそ、工場の自動化（ファクトリー・オートメーション）で高収益体質に転換するチャンスだということです。

大胆な自動化には費用がかかるうえに、社員を減らすことに躊躇があるため、二の足を踏む経営者も少なくありません。たとえば「２０１６年版ものづくり白書」でも、人手不足の対策として「省人化投資」を実施している企業は、大企業の68％に対して中小企業では35％ほどにすぎません。しかし、これまでは高額でよほどの大企業でしか導入できなかった工程の自動化システムも、技術の進歩により価格が下がり、中小企業にも手が届く時代になりました。事業の継続・発展のためには、昔ながらの人に依存した経営を思い切って捨てて、自動化に踏み切る好機なのです。

本書では中小製造業の現場において、人に依存したものづくりからの脱皮を図る方法をわかりやすく紹介しています。実際の導入例を盛り込みながら、ファクトリー・オートメーションの核となる自動システムの活用ポイントについても詳しく解説しました。

本書によって、現在、人手不足の苦しみを抱えている企業経営者の方が1人でも多く、その悩みから解放されることになれば、著者としてこれ以上の幸せはありません。

超人材難でも稼げるスゴい工場〔改訂版〕　目次

第1章

過去100年で最悪の「人材難時代」が到来　軒並み人手不足に陥る中小製造業

第4章

「人海戦術」の組み立て業務はムダだらけ 自動化で生産量倍増と品質向上を実現する

第5章

脱「熟練作業者」依存！人の主観に左右されない検査システム

第6章

超人材難の今こそ「自動化」へ舵を切れ

おわりに

第1章

過去100年で最悪の「人材難時代」が到来
軒並み人手不足に陥る中小製造業

生産年齢人口は60％割れ、中小企業の5割が人手不足という現状

「有効求人倍率が1倍を突破！」

人手不足について取り上げる新聞やテレビなどのニュースで、このような見出しを目にしたことがあるかもしれません。

有効求人倍率とは、「求職者1人あたり何件の求人があるか」を示すものであり、有効求人数÷有効求職者数で求められます。有効求人倍率が1倍を超える場合は人手不足、1倍を切る場合は人手余りを意味します。

有効求人倍率は、公共職業安定所（ハローワーク）における求人、求職、就職の状況をとりまとめた「一般職業紹介状況」の中で毎月公表されています。過去50年で1倍を超えたのは、高度成長期、バブル経済期、リーマンショック直前など、日本が好景気に沸いていたごく限られた時期だけでした。

有効求人倍率の推移

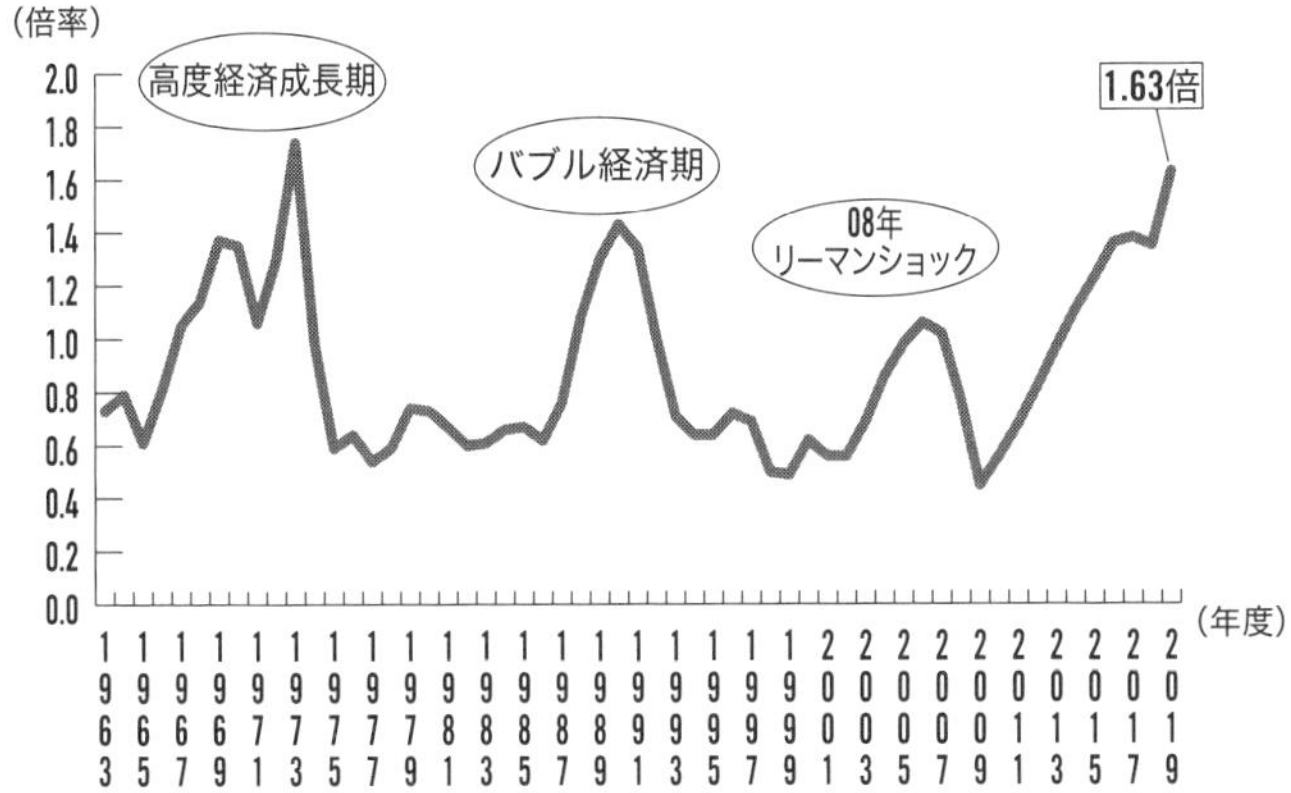

厚生労働省「一般職業紹介状況」を基に作図

それが2014年以降は一転して1倍を上回り続けており、2019年3月の全国の有効求人倍率は1・63倍という高水準を記録しました。しかも、すべての都道府県で有効求人倍率が1倍を超えており、日本の人手不足は文字通り未曾有のレベルに突入しているのです。

こうしたかつてない人手不足に陥っている理由のひとつが〝人口減少〟です。現在、日本の人口は減少の一途をたどっています。2016年2月に公表された国勢調査（速報値）によれば、2015年10月1日時点における日本の総人口は1億2709万4745人であり、2010年の前回調査と比べて96万2607人も少なくなりました。このままのペースで減少すれば、2050年には1億人を割り込むとまで予想されています。

そして、総人口と同じように「生産年齢人口」も減り続けています。生産年齢人口とは、生産活動の中核をなす15歳以上65歳未満の人口層のことです。平たくいえば「働く人の数」です。

日本の将来推計人口

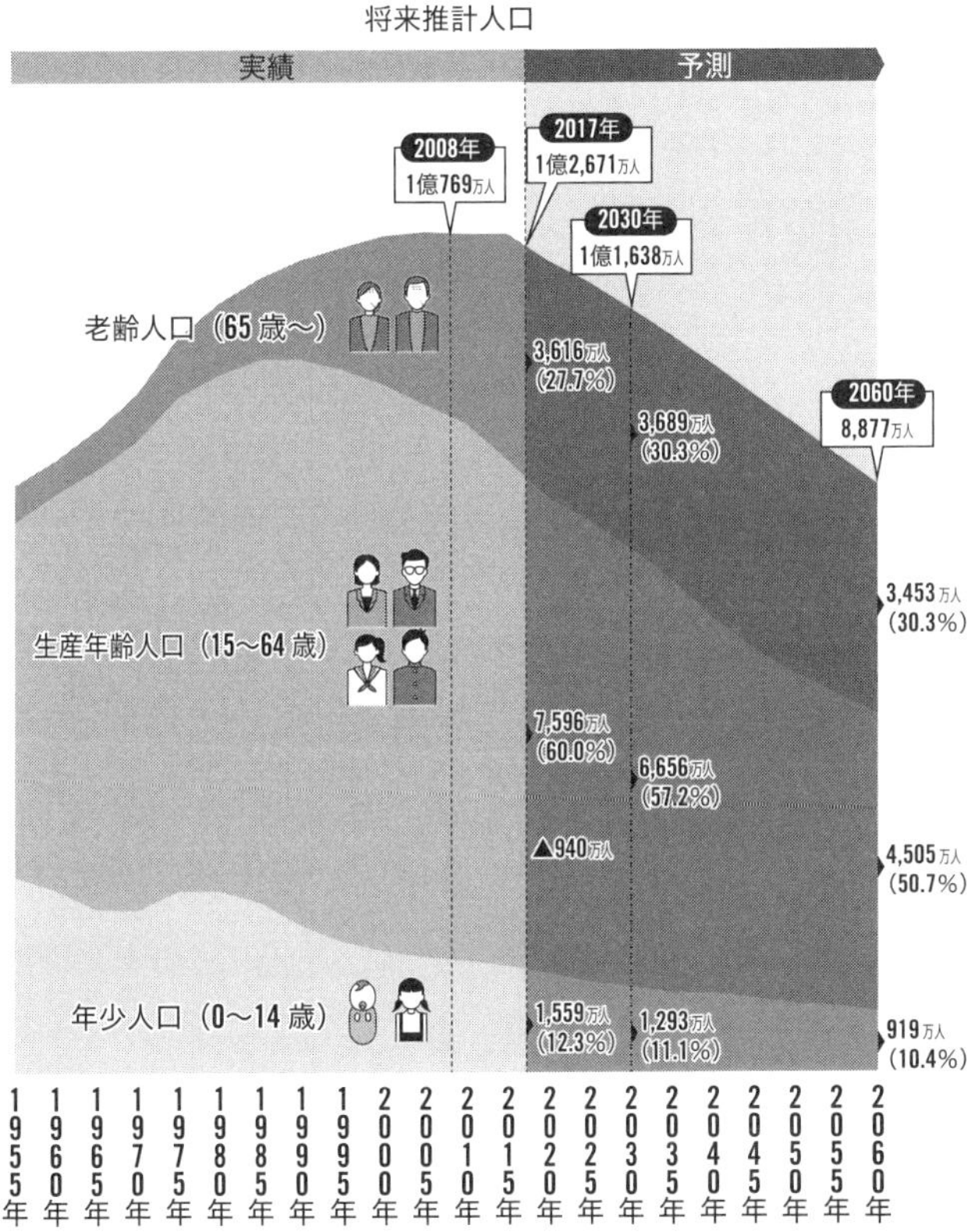

出典：国立社会保障・人口問題研究所「日本の将来推計人口（2017）」

全人口における生産年齢人口の割合（生産年齢人口率）は、2017年には60％にまで落ち込みました。しかも、この先も回復の見込みはなく、2030年には過去100年で最も少なくなることが確実視されています。とりわけ気がかりなのは、新たな労働力の担い手となる若者（15〜29歳）の比率が年々小さくなっていることです。1970年代に全人口における若者人口の割合は27・8％を占めていましたが、1990年には21・7％、2015年には14・7％にまで減少しています。

また、大手シンクタンクのリクルートワークス研究所は、2015年の時点でおよそ6274万人とされる就業者数が2025年には6091万人へとわずか10年で180万人以上も減ると推計しています。パーソル総合研究所と中央大学が2019年に発表した「労働市場の未来推計2030」では、2025年と2030年での人手不足数はそれぞれ505万人、644万人に達すると予測されています。さらに深刻なのは、製造業の就業者数減少です。現状では、就業者全体の減少を上回る勢いで製造業の人手不足が進行しています。1970年代前半には、就業者全体の27％を超えていた製造業従事者は、2012年12月の時点でも16％まで落ち込み、半減してしま

製造業の就業者数推移

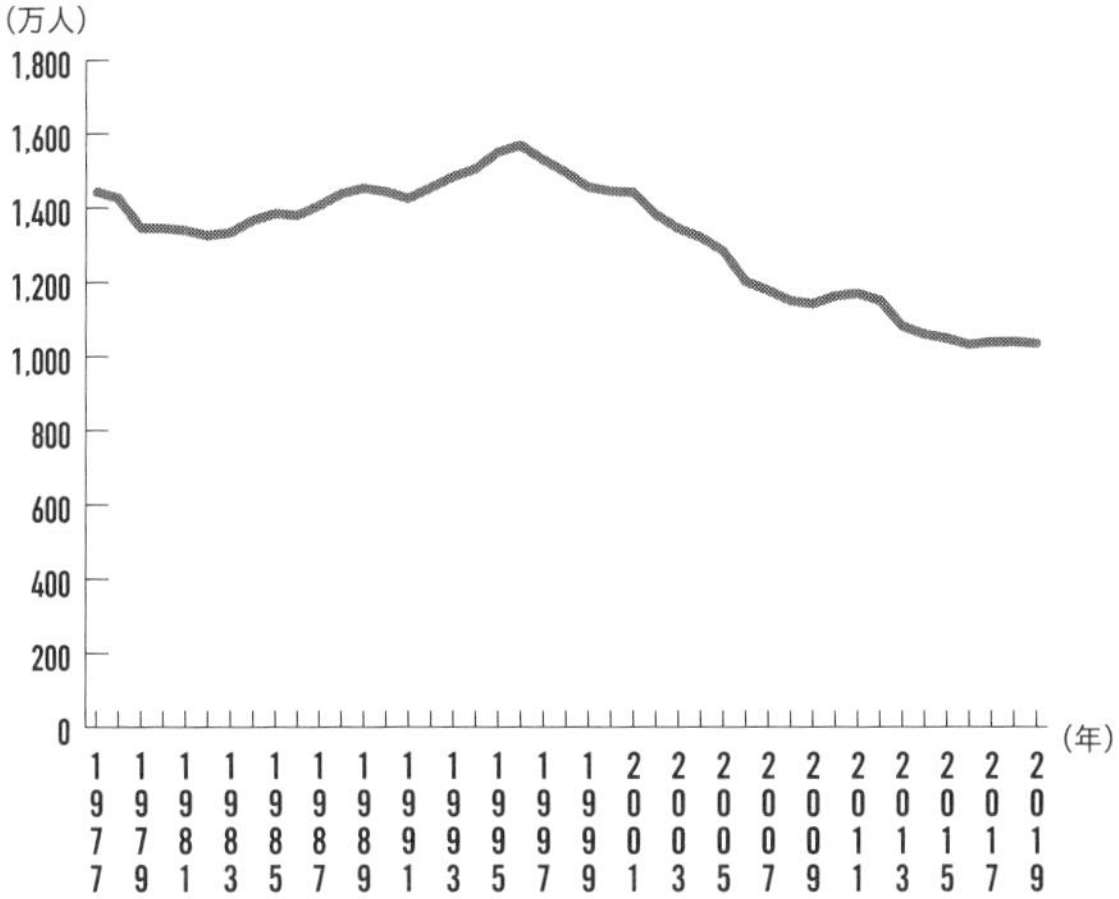

総務省「労働力調査」を基に作図

人手不足数、実質賃金の2030年までの推移

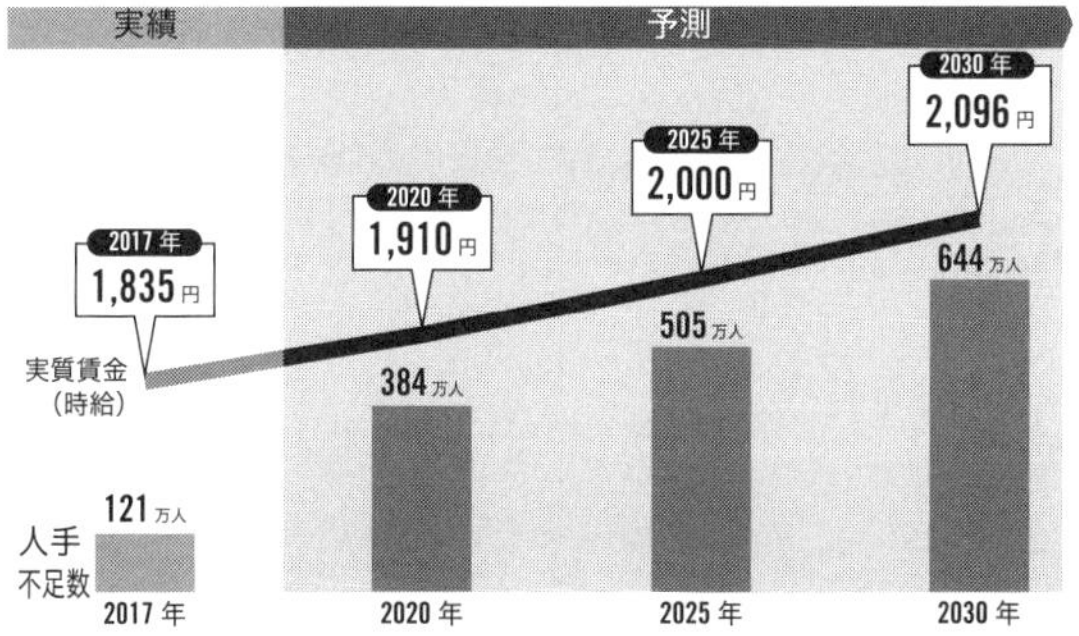

出典：2020～2030年は本研究の推計結果。2017年実績は厚生労働省「雇用動向調査（未充足求人数＝人手不足数）」、「賃金構造基本統計調査（所定内賃金、所定内実労働時間）」、総務省統計局「消費者物価指数」

うのは確実とされるまでになってしまったのです。

この危機的予測への対策として、パーソル総合研究所と中央大学の両社が掲げるのは「働く女性を増やす」「働くシニアを増やす」「日本で働く外国人を増やす」「生産性を上げて労働需要を減らす」という4つの大きな方針です。

さらに、日本商工会議所が2019年6月に公表した「人手不足等への対応に関する調査」では、人手不足を感じていると回答した中小企業のなかで、製造業の割合は66・4%。つまり実に7割に近い中小製造業が人手の足りない状況に追い込まれているのです。

すでに、介護や飲食、建築といった業界では、

「職員が不足しているために施設が運営できない」

「調理師が確保できず厨房が回らない」

「作業者がいないのでビルの建築工事に遅れが出ている」

といった話をよく聞きます。製造業の世界でも確実に人手不足が進み、今後ますます深刻化していくのは間違いありません。

その解決法としてもっとも効果的と考えられる方策の代表といえば、やはり製造現場への自動化導入。これは、先に挙げた4方針のなかで、4の「生産性を上げて労働需要を減らす」にあたります。

もうひとつ、ここには別のメリットも考えられます。それは固定費の削減です。人手不足は賃金上昇を通じて直接的なコストアップ要因となりますが、短期的には少なからぬ先行投資となる自動化導入も、長期的視点に立てば確実に固定費を圧縮するものとなっていくことは間違いありません。

大手志望の学生は54・5％、中小製造業の新卒採用は絶望的

人手不足が深刻化していく中で、中小製造業にとって新卒採用は、困難を極めています。景気回復を背景として、不景気時には採用を控えていた大手企業が採用枠を大

従業員規模別2020年卒者の新卒採用見通し（大学生・大学院生）

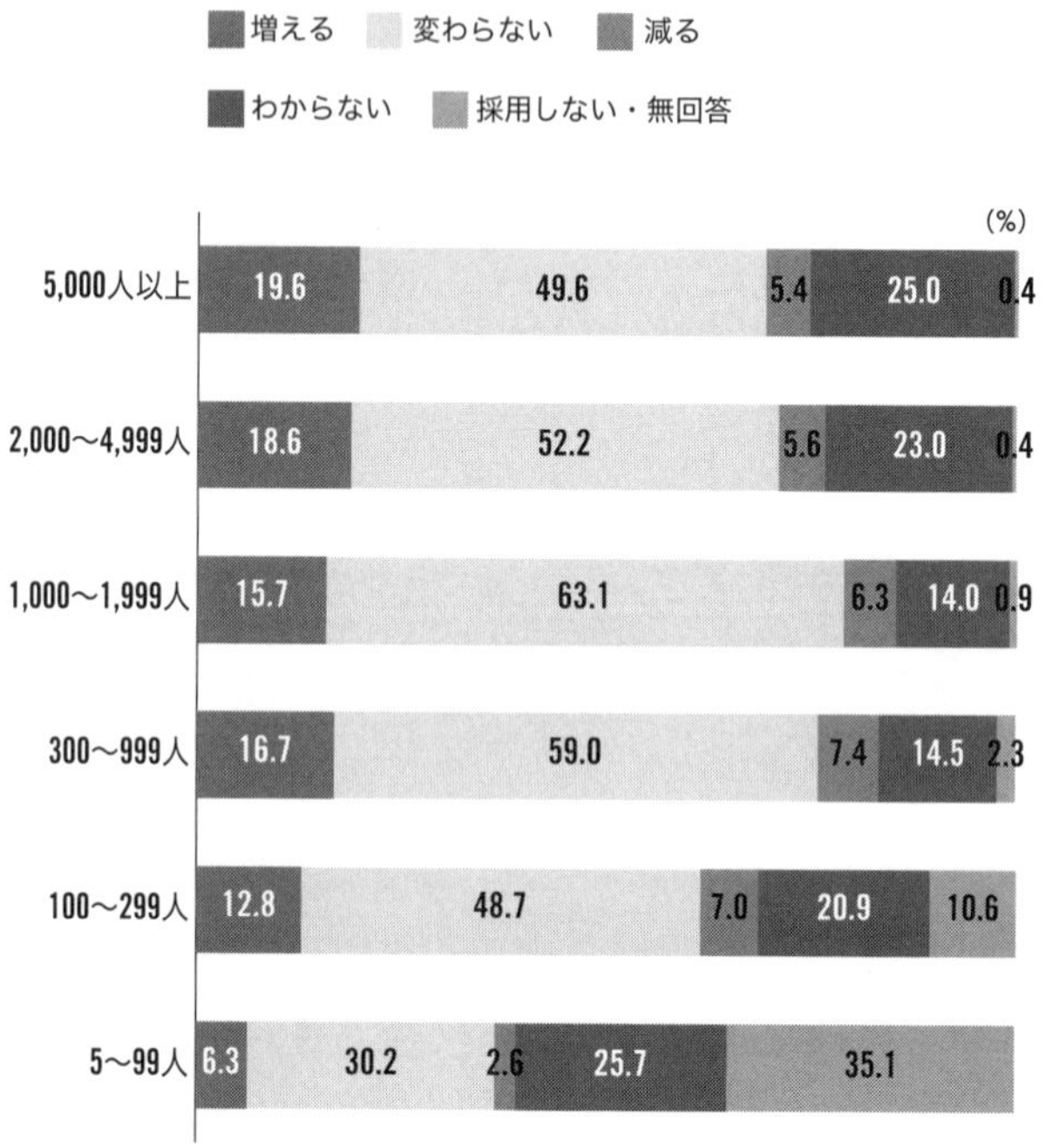

（株）リクルートホールディングス「2020年卒ワークス採用見通し調査」を基に作図

幅に増やしているためです。

リクルートホールディングスでは、毎年、民間企業を対象に新卒の採用の見通しに関する調査を行っています。2020年卒の採用の見通しに関しては、「増える」の割合が「減る」を7・9ポイント上回っていました。社員の数が多い企業ほど「増える」の割合が多くなっているのです。このように、大手企業が採用を増やすスタンスを明らかにし、空前の〝売り手市場〟を迎えた就職戦線の中で「寄らば大樹の陰」と安定志向を強める若者たちには、中小企業を避ける風潮が生まれています。

就職・転職情報サービス会社のマイナビが2019年3月大学卒業予定者に行ったアンケート調査の中には「あなたは『大手企業志向』ですか、それとも『中堅・中小企業志向』ですか」という設問が設けられていますが、「絶対に大手企業がよい」と「自分のやりたい仕事ができるのであれば大手企業がよい」を合わせると54・5％の学生が大手を志望していることがわかりました。

ただでさえ人手不足が深刻化している中で、中小企業がいくらコストをかけて採用活動を行っていても、優秀な人材は大手企業に集まってしまう状況にあるのです。

新規採用に
コストをかけられない中小企業

学生たちの目先の関心が大手企業に向かっていたとしても、自社の強みや「若いときから責任ある仕事を任される」「仕事の自由度が大きい」などといった中小企業ならではの魅力を積極的にアピールすれば、十分な人材を集めることも可能となるかもしれません。

しかし、中小企業が採用にかけられるコストは、大手企業に比べそれほど多くはありません。前述したマイナビは2019年に、新卒採用実績のある国内8000社に対して、採用の際にかける費用についてアンケート調査を実施しています。それによれば、上場企業、非上場企業、製造業、非製造業の大手企業において、広告費やダイレクトメールなどのツール作成費などの形で支出している採用費の総額平均は、上場企業で1531・8万円、非上場企業で371・5万円、製造業は481・4万円、

採用コストデータ

■採用費総額平均

n=1,294　　(単位・万円)

全体	493.4
上場	1,531.8
非上場	371.5
製造業	481.4
非製造業	499.8

<採用費>

広告費の他、入社案内やホームページ、ダイレクトメールなどのツール作成費、DM発送費、セミナー運営費、アウトソーシング費(データ処理・電話オペレーターなど)、資料発送費など、「採用経費」に含まれる費用総額

■採用費中の広告費平均

n=1,089　　(単位・万円)

全体	216.1
上場	610.9
非上場	168.6
製造業	197.2
非製造業	225.8

<広告費>

就職情報誌や就職情報サイト、新聞など、一般に公開される採用情報を掲載・出稿するための費用総額

■入社予定者1人あたりの採用費※

n=1,231　　(単位・万円)

全体	53.4
上場	54.3
非上場	53.2
製造業	56.6
非製造業	51.6

※1社ごとに採用費を入社予定の人数で割った数値の平均値

出典：マイナビ「2019年卒マイナビ企業新卒内定状況調査」

非製造業は499・8万円となっています。

このように、大手企業は新卒採用のために400万円から1000万円ものコストをかけています。また、新卒1人採用するのにかかる費用は1人あたり45・9万円といいます。

大手企業が競って多額のコストを投じ、めぼしい学生をことごとく採用してしまったら、中小の製造企業にはなすすべがありません。どんなに募集をかけたとしても、優秀な人材が応募してくることは期待できないでしょう。

そんな〝採用難〟に苦しむ中小企業への援護策として、求人サイト最大手のリクナビは、近年、従業員200人以下の規模の中小企業を対象とした新既卒者採用支援サービス「リクナビダイレクト」という新たなサービスを打ち出しました。会員である学生らが企業情報を検索し応募するリクナビ本体とは異なり、リクナビダイレクトは会員に見合った企業情報を提供することによりマッチングを図っています。

しかし、リクナビダイレクトに掲載された企業情報はリクナビにも転載される仕組みとなっているため、サービス導入後、リクナビ全体の掲載企業数がさらに高まるという結果がもたらされてしまいました。現状では、こうした就活サイトの巨大化により、大量の企業情報の中に埋もれてしまうため、一つひとつの企業へのアクセスが少なくなってしまいます。その結果、かえって中小企業の新卒採用を困難にする状況を生み出してしまうのです。

頼れるものは何もない――中小製造業の新規採用は、まさに八方ふさがりの絶望的な状況にあるのです。

人材問題の先延ばしが、企業を倒産に追い込む

製造業の人手不足は、これからますます悪化していきます。「今はまだ人がいるから大丈夫だ」と何もせずに手をこまねいていれば、やがて事業は行き詰まり、最悪の場合には倒産の憂き目を見ることになるでしょう。実際、私の取引先でも、「作業者

は高齢になっているのに、技術を伝承する若者が採用できない」「需要は増えているのに人手不足のために受注量が伸びない」という悩みを抱えている経営者は多く、商談に出向くと人材の相談をされることも少なくありません。採用ができなければ事業の存続は難しくなります。受注量がどんどん目減りし、生産能力がないと取引先から判断されれば、一気に切られてしまうリスクもあります。このような状況が今後も続けば、人手不足により倒産・廃業に追い込まれていく企業は増えていくことでしょう。

中小製造業の経営者は、このような厳しい現実があることを真正面から受け止めなければなりません。他社も採れていないから仕方ない、リクルート会社に任せているから……と問題を先延ばしにしていれば、倒産への道を歩んでいくことになるのです。

第2章

進む作業者の高齢化
個人の能力に依存した企業は
淘汰される

V字回復を目指す中小製造業に立ちふさがる人手不足の壁

人手不足は製造現場に今後どのような事態をもたらすのでしょうか。また、中小メーカーの経営者は人材難の時代にどのような心構えを求められることになるのでしょうか。

まずは、製造業を取り巻く現状から把握していきましょう。31ページにあげたグラフは資本金1億円以上の製造業企業の合計営業利益を示したものです。折れ線グラフが示すように、リーマンショック後、0・1兆円まで落ち込んだ営業利益は、2012年から2015年にかけて、8・5兆円から13・4兆円、14・3兆円、14・9兆円と上昇し、2016年には12・6兆円、2017年には17・3兆円、2018年は16・5兆円となっています。

また、業績は社員の待遇にも反映されています。経済産業省が2015年12月に実

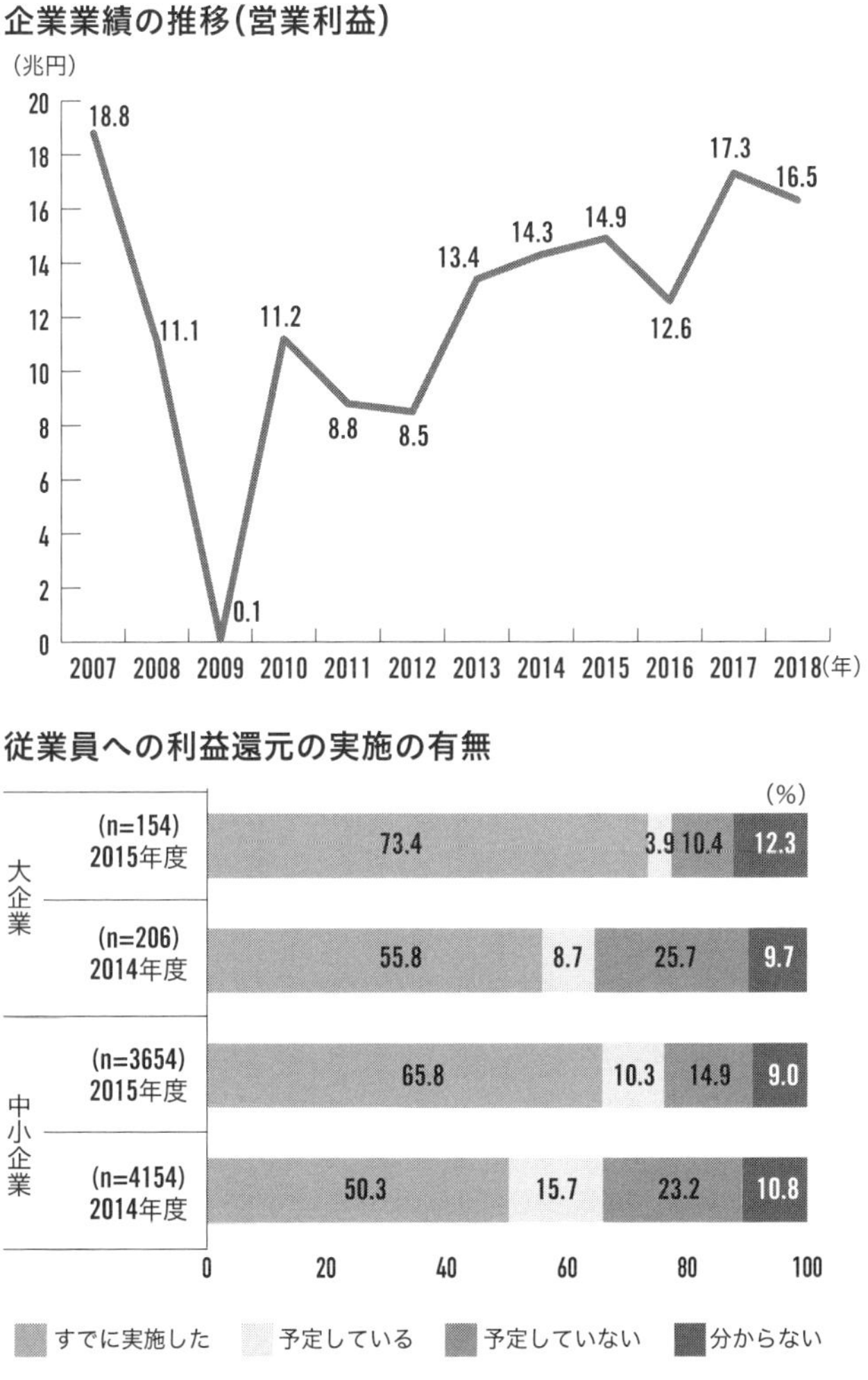

経済産業省「ものづくり白書」を基に作図

施した利益還元の実施有無を尋ねたアンケート調査によると、2014年度に利益還元を実施した企業は企業規模にかかわらず半数ほどだったのに対し、2015年度は中小企業で65・8%、大企業では73・4%と、利益還元を実施している企業が増加しています。また、2015年度に従業員への利益還元を「すでに実施した」または「予定している」と回答した企業に対して、利益還元の方法を尋ねると（複数回答可）、86・4%が「賞与」と回答していますが、「ベースアップ」と回答している企業も54・8%と半数以上でした。この傾向は大企業にとどまらず中小企業でも業績の好転と社員への還元が行き渡ってきたことがわかります。これ以後、同様の調査は行われていませんが、多くの日本企業で業績好転傾向が継続していていることからその状況にも変化はないと考えられます。

2008年のリーマンショック以降、数々の厳しい試練を乗り越えてきた中小製造業経営者は、今こそ業績をV字回復する好機とばかりに事業意欲を燃やしていることでしょう。

実際に私の会社にも、2014年頃から生産ラインの刷新や自動化など設備投資の相談が次々と寄せられ、製造業の活況が実感できるようになりました。

このように、製造業は長らく続いていた低迷期を脱して、活況を取り戻しつつあるところです。その背景にあるのは、円安と海外の人件費高騰を原因とする「製造業の国内回帰」の動きです。

2000年代後半から円高傾向が続いてきた中で、世界的なコスト競争に打ち勝つために、大手メーカーは日本よりも生産コストの安い中国や東南アジアの国々に次々と生産拠点を移転していきました。その結果、日本国内ではいわゆる〝製造業の空洞化〟が進むことになりました。

しかし、アベノミクスの円安誘導政策により、2011年には1ドル70円台だった為替レートは、2018年には1ドル110（年次平均）円台となっています。

このような円安の流れもあって、日本国内の工場で生産しても採算がとれる状況がもたらされることになりました。

また、近年は経済成長が進む新興国において人件費が右肩上がりで上昇し続けていきます。2018年6月に大和証券グループが発表した、「アジア新興国での最低賃金引き上げの影響」によると、アジア主要国における人件費の推移は、2001年時点と比べてカンボジアで約2・6倍、ベトナム約2・8倍、タイ（バンコク）約2・6倍、フィリピン（マニラ首都圏）約2・8倍、中国（上海）約7・3倍——と、軒並み高騰しているのです。とりわけ中国都市部での人件費高騰は、中国における日本企業の事業展開を困難にする大きな要因となっています。

こうした国際環境の変化を受けて、「人件費が高くなった海外よりも日本の工場で作る方がむしろ割安になった」と考える大手メーカーが増えているのです。実際に製造業の国内回帰が進んでいることは、近年、海外設備投資比率が下降傾向にあることや各種の調査結果でもはっきりと示されています。

経済産業省が2015年12月に実施した調査でも、「海外自社工場で生産していた製品や部品を国内自社工場での生産に切り替えた」もしくは「海外でOEM生産または海外メーカーから購入していた製品や部品を国内自社工場での生産に切り替えた」企業が12％に達しています。

アジア主要都市における人件費の推移

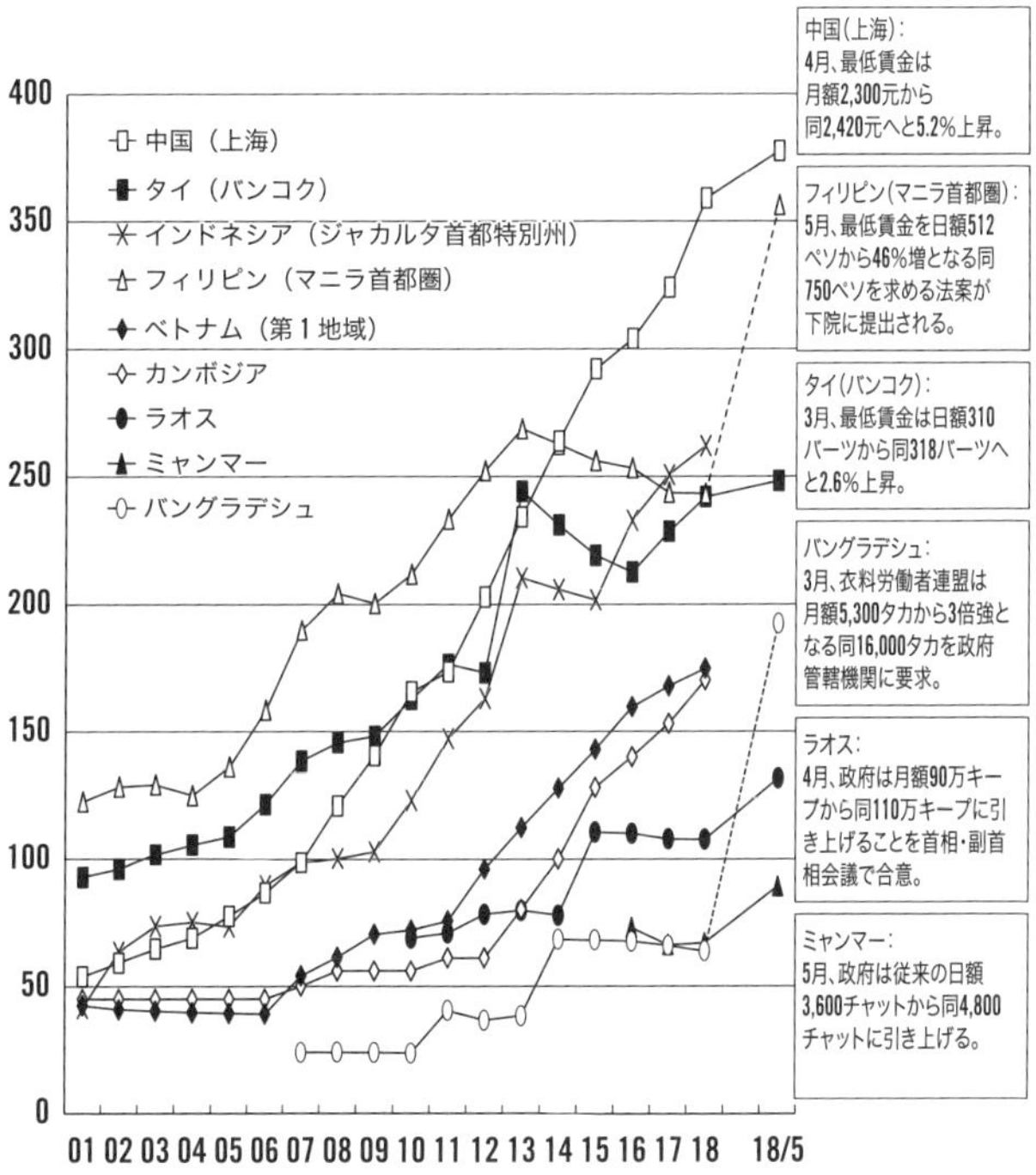

出典：大和証券グループ「アジア新興国での最低賃金引き上げの影響」

現地法人設備投資額及び海外設備投資比率の推移(製造業)

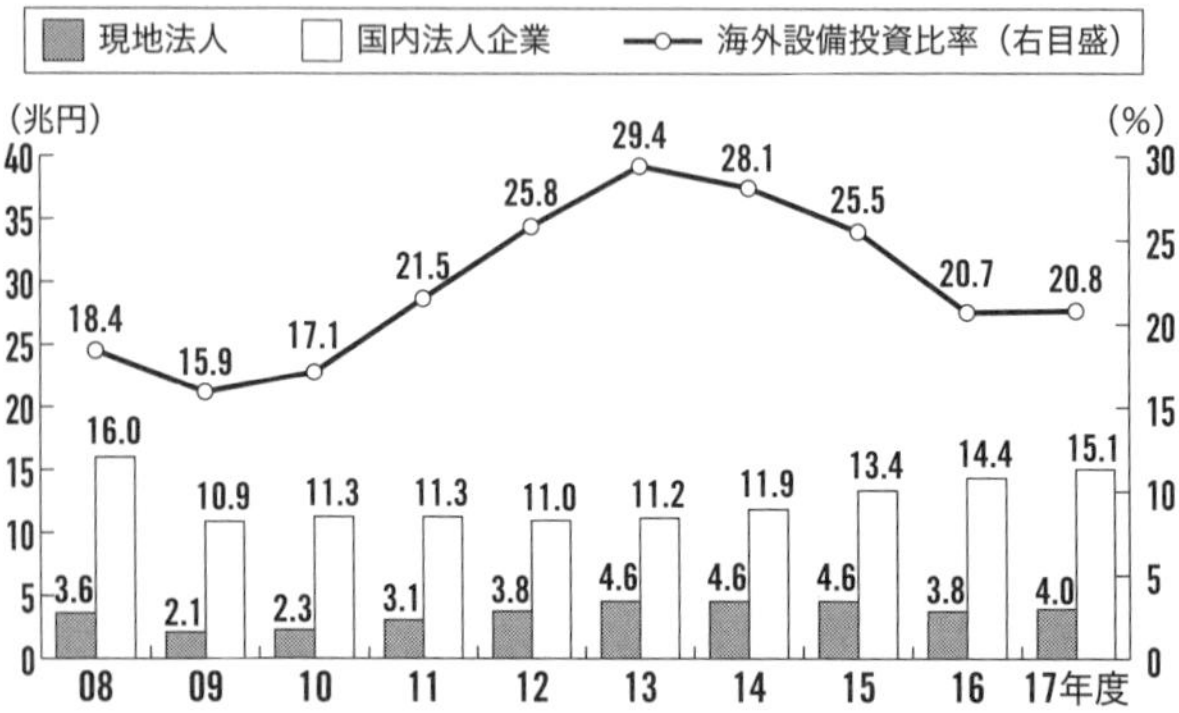

出典：経済産業省「第48回海外事業活動基本調査概要（2017年度実績）」

また、大手衣料品メーカーが、かつて9割以上だった中国生産比率を6〜7割まで引き下げたことや、家庭用エアコンメーカーが中国での生産を前年度に比べ15万台減らし、国内生産を同20万台増の100万台に引き上げたこと、大手家電メーカーの代表がアジアと日本の人件費の差の縮小を受けて、「新たに人件費が安い地域を探すよりも、国内生産で競争力を高める」と発言したことなどが、メディアでも度々報じられています。

こうした大手メーカーの国内回帰の動きは、中小製造業者にとっては取引を拡大する絶好のチャンスとなるはずですが、そのためには、次から次へと飛び込んでくる注文をこなせるだけの人員が確保されていなければなりません。

しかし、この深刻な人手不足の中で、「受注が今の2倍、3倍に膨れ上がっても十分にさばけるだけのマンパワーがある」と自信を持っていえる企業は、果たしてどれだけあるのでしょうか。長らく厳しい冬の時代を生き抜き、ようやく息を吹き返そうとしている中小製造業に人手不足という大きな壁が立ちふさがっているのです。

海外設備投資比率の推移

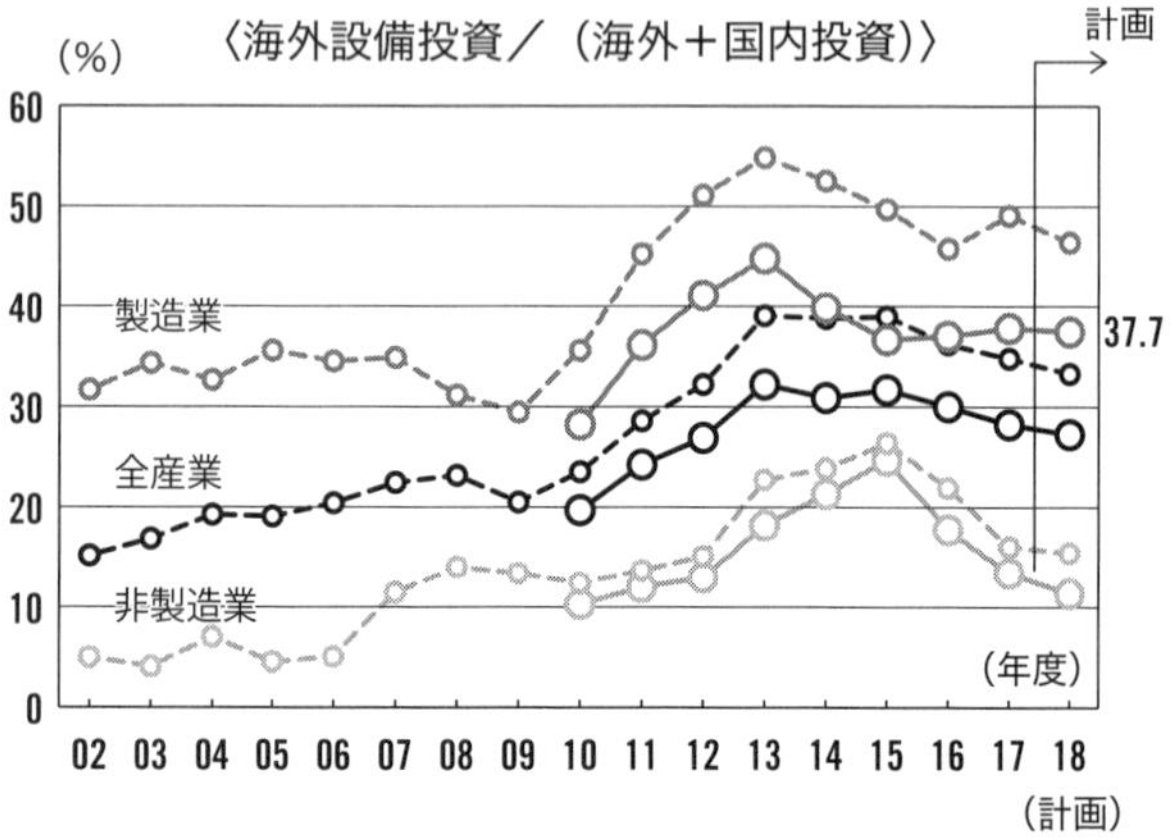

（注）点線：連結海外投資÷（単体国内投資＋連結海外投資）
実線：連結海外投資÷（連結国内投資＋連結海外投資）
＊国内凍結設備投資は、2010 年度より調査開始

出典：株式会社日本政策投資銀行

人に依存した製造現場の生産能力の限界

これまで日本の工場は、もっぱら作業者の能力を高めることで生産性を向上させることに努めてきました。

ものの移動や積み替えなどの際に発生する「運搬のムダ」や、置き間違えた工具を探すような「動作のムダ」など、製造現場では様々な場面でムダが生じることになります。そうしたムダの数々を、工程の流れを変えたり、1人の人間が複数の工程を受け持つなどの工夫を施すことによって削減する「トヨタ生産方式」に代表されるような徹底した効率化を行うことによって、生産性を高めてきたわけです。

しかし、こうした人の能力や働きに依存した生産工程の改良・改革にはどうしても限界があります。なぜならば、こうした生産性の向上には、ムダを徹底的に排した作業工程における熟練が必要だからです。教育や研修を行っても新人が担当すれば、生産効率はどうしても落ちてしまいます。現状でも、製造業においては海外から多くの技能実習生を受け入れて人手を賄っています。今後さらに人手が足らなくなれば、作業に不慣れな人材に頼るしかなく、熟練作業者に比べ生産効率性が一気に低下するリスクは避けられないでしょう。とりわけ重要な工程では、限られた作業者だけが担当している工場も多くありますが、そうした工場では作業者がたった1人不足しただけでも、生産できなくなるといったような大きなダメージがもたらされるおそれがあります。

実際、人手不足のために、製造現場に悪影響が生じ始めている中小製造企業は少なくありません。

経済産業省「2019年版 ものづくり白書」によれば、人材確保に何らかの課題があると回答した企業は94・8%でした。なかでも、35・7%は「大きな課題となっており、ビジネスにも影響が出ている」と答えており、人手不足の深刻さがうかがえます。また、「特に確保が課題となっている人材」という設問に対する回答は「技能人材」が55・0%でトップを占めているのです。

人手不足が企業経営に及ぼしている影響

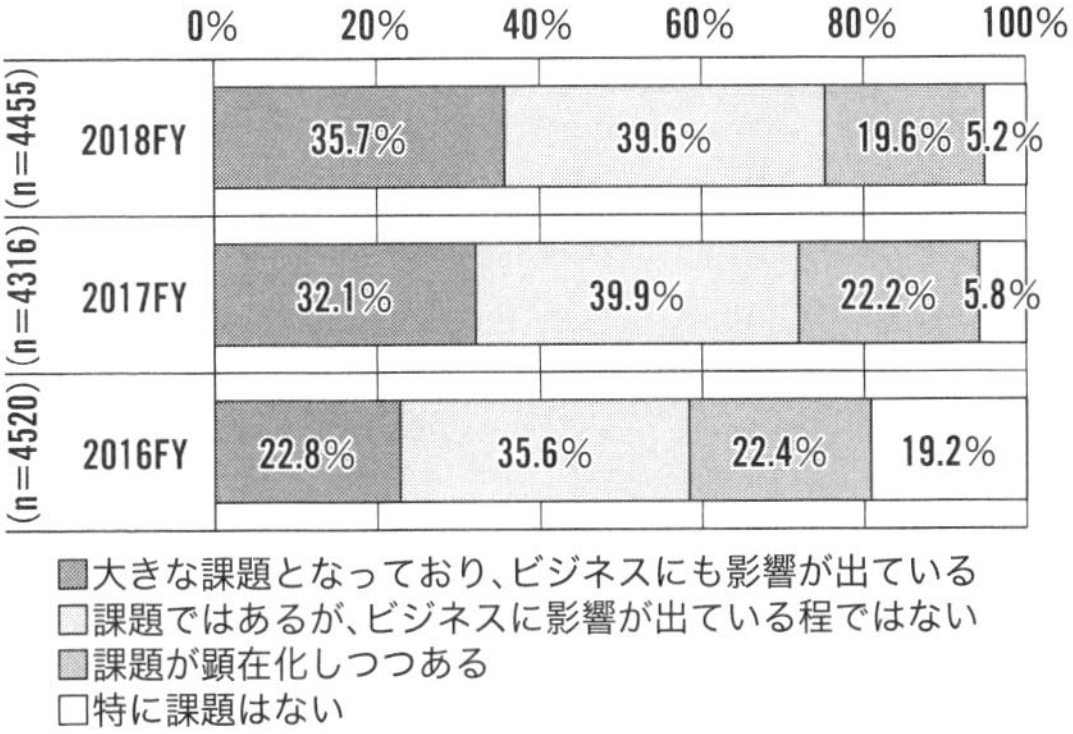

特に確保が課題となっている人材

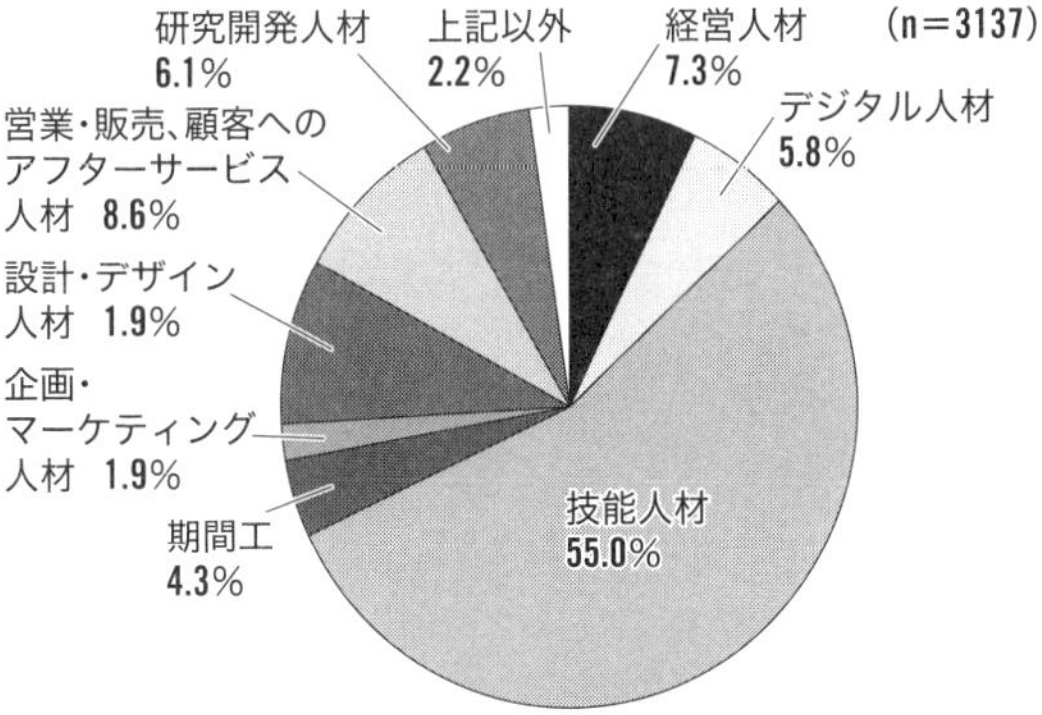

出典：経済産業省「2019 年版　ものづくり白書」

今のままでは親会社に見捨てられることは避けられない

このように人に依存した生産システムのままでは、今後十分な人材を確保できなくなった際に対応できません。さらに、生産が追いつかなくなり、取引先からの要求に応じることができなくなるおそれがあるのです。

ことに、下請け企業に対する親会社の目は、かつてに比べて非常にシビアなものとなっています。

周知のように、これまで日本の多くの中小企業は、トヨタ自動車などの大手企業といわゆる〝系列意識〟を持って結びつくことにより、比較的、安定した受注を確保し続けてきました。

しかし、こうした親会社と下請け企業との間に存在していた系列構造は、現在、急速に崩れ始めています。

中小企業庁が定期的に行っている下請取引の実態調査、「発注方式等取引条件改善調査」によると、取引額の最も大きい親会社に対する下請け企業の売り上げの依存度を示した「下請取引額の割合調査」で、下請け企業の総売上高に占める下請取引額の割合が50％を超える企業は、１９９５年には92・６％と、ほとんどが親会社に依存していましたが、２０１６年には72・３％と大きく減少しています。

また、下請け企業が、常時取引をしている親会社の数の推移を見ると、１９９５年には、親会社の数が５社以内である中小企業・小規模企業は68・９％でしたが、２０１５年には55・６％とこれもかなり減っています。

これらのデータが示すように、特定の親会社に依存する中小の下請け企業の数は減少傾向にあり、これまでのように、系列下請けだからといって、必ずしも１００％仕事を回してもらえるとは限らないのです。親会社の視点から見れば、「下請け企業を厳しく選別する」動きが強まっているといえるでしょう。

親会社が下請け企業に求めるのは安定供給です。「同じ品質」のものを「納期通りに」「求められる量」納品できること。ぎりぎりの人員で生産している工場が、社員の体

発注方式等取引条件改善調査

総売上高に占める下請取引額の割合

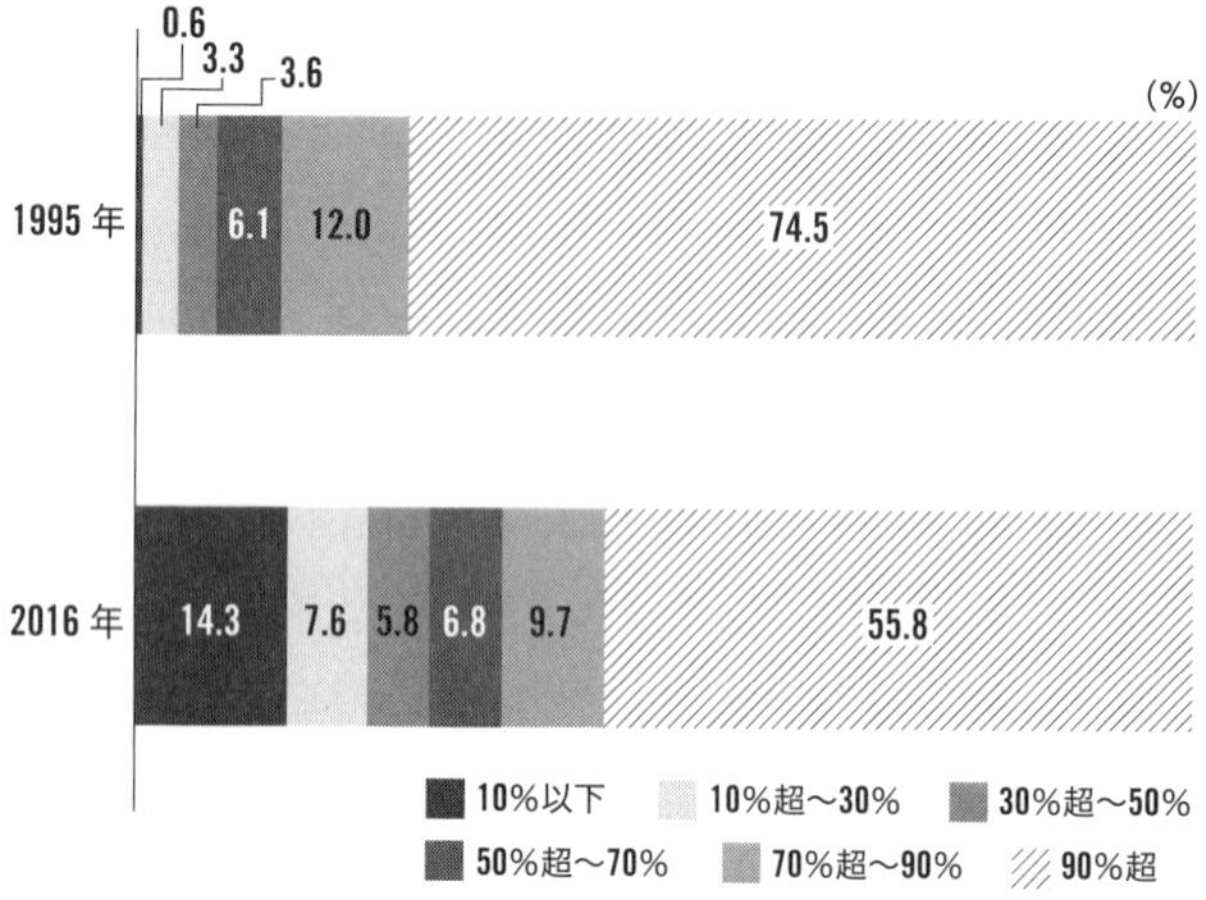

常時取引している親会社の数

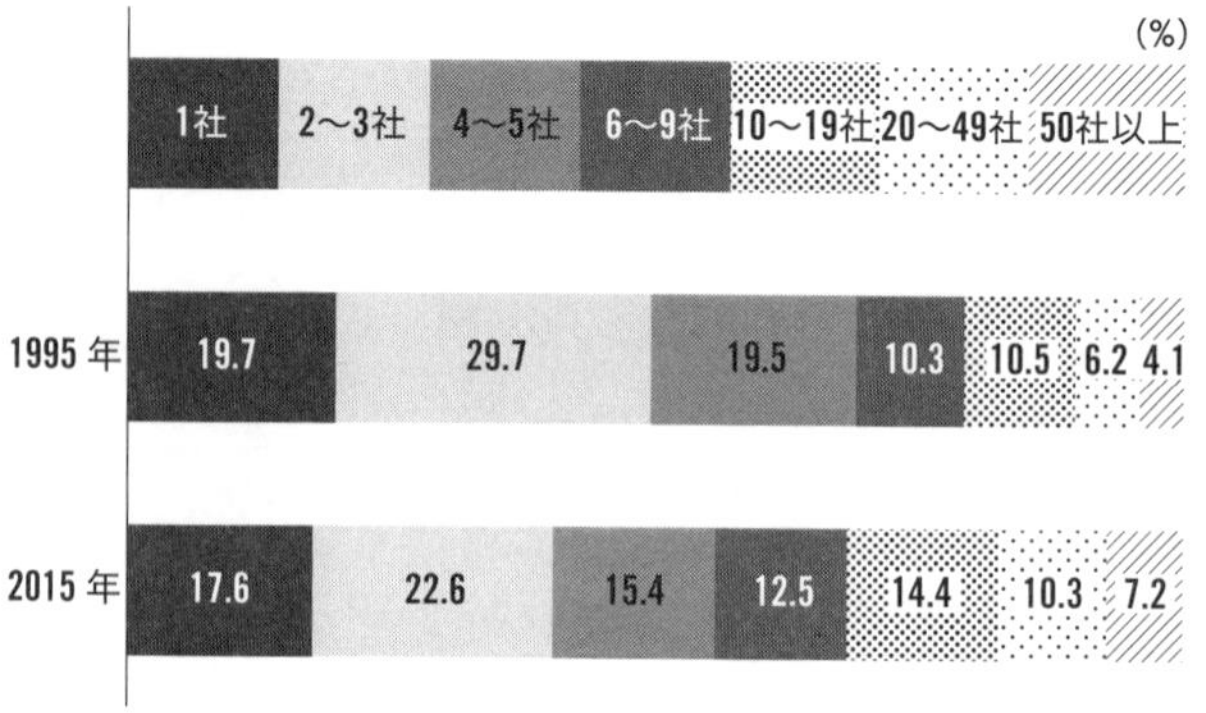

経済産業省中小企業庁「平成28年度発注方式等取引条件改善調査」概要を基に作図

調不良などにより生産性が急に低下し、一度でも納期に遅れたり発注量に応じられなかったりすれば、これまでどれだけ長く取引をしていても、容赦なく切り捨てられてしまいます。さらに、作業者の年齢が高くなると、病気、親の介護などで辞めていく人も増えていきます。人がいなくなると当然、残った人員に負担がかかります。そしてそのプレッシャーから精神的に追い込まれるなど、新しい問題が発生することもあるのです。

熟練作業者の高齢化で揺らぐ〝メイド・イン・ジャパン〟クオリティー

先述の通り、日本の生産年齢比率は下がり続けており、今後、労働者全体の高齢化が進むことは明らかです。

にもかかわらず「今はまだ、ベテランが元気だから大丈夫」とのんびり構えている企業は、すでに少しずつ致命的な状況に向かっていることに気付いていません。

労働政策研究・研修機構が2015年7月に行った「高齢者の雇用に関する調査」によれば、60代前半の継続雇用者のうち「定年前（60歳頃）と全く同じ仕事をしている」と答えている人が39・5％もいます。

つまり、中小製造業の現場には、目先の労働力不足をカバーするために定年後の熟練作業者に頼っている現状があるのです。しかし、1947～49年頃に生まれた団塊の世代は、すでに70歳を超えています。今は元気で「まだまだ自分は働ける」というような人であっても、加齢による病気や怪我のリスクはこれから増すばかりでしょう。突然リタイアすることになっても全く不思議ではありません。熟練作業者が永遠に働き続けることはありえないのです。

そして、熟練作業者がいなくなったら、その途端に「工場を支えてきた技術が失われてしまう」という中小製造企業は少なくないはずです。

大手メーカーであれば、自社で代々培われてきた職人技を後進に体系的に「教育するノウハウ」を有しており、またそのために十分なコストをかけることも可能です。

たとえば、トヨタ自動車では、ものづくりのプロを育てることを目的としたトヨタ工業学園を設けており、最新鋭の教育設備の中で、トヨタの社員が直接指導する仕組みが整えられています。

しかし、資力も人も時間もない中小企業が、こうした大手企業と同様の試みを行うことは当然困難です。作業者の高齢化に気付きながら、十分な対策を講じることができないまま技術の承継が円滑に進んでいないのが現実です。

２０１２年に中小企業庁が三菱ＵＦＪリサーチ＆コンサルティングに委託して実施した「技能・技術承継に関するアンケート調査」によると、技術・技能人材の年齢構成は、「中堅中心」と答えた中小企業は29・3％でおよそ3割ですが、大手企業では39・0％と4割に及んでいます。逆に「ベテラン中心」と答えた中小企業は32・3％と3割を超え、大手企業14・6％に比べて、ベテランに依存した生産体制だということがわかります。

一方、技術・技能承継の円滑度を比較すると、「ベテラン中心」の中小企業では、技術・技能承継について「かなりうまくいっている」「うまくいっている」と回答し

高齢者の雇用に関する調査

中小企業の技術・技能人材の年齢構成

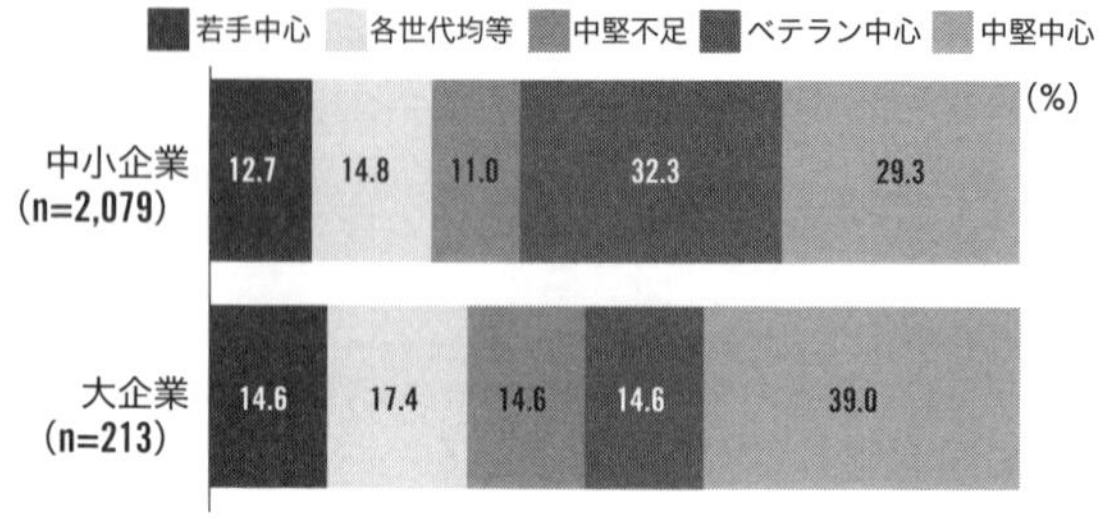

（注）ここでいう中小企業とは、従業員300人以下の企業をいい、大企業とは、中小企業以外をいう。

技術・技能人材年齢構成別の技術・技能承継の円滑度

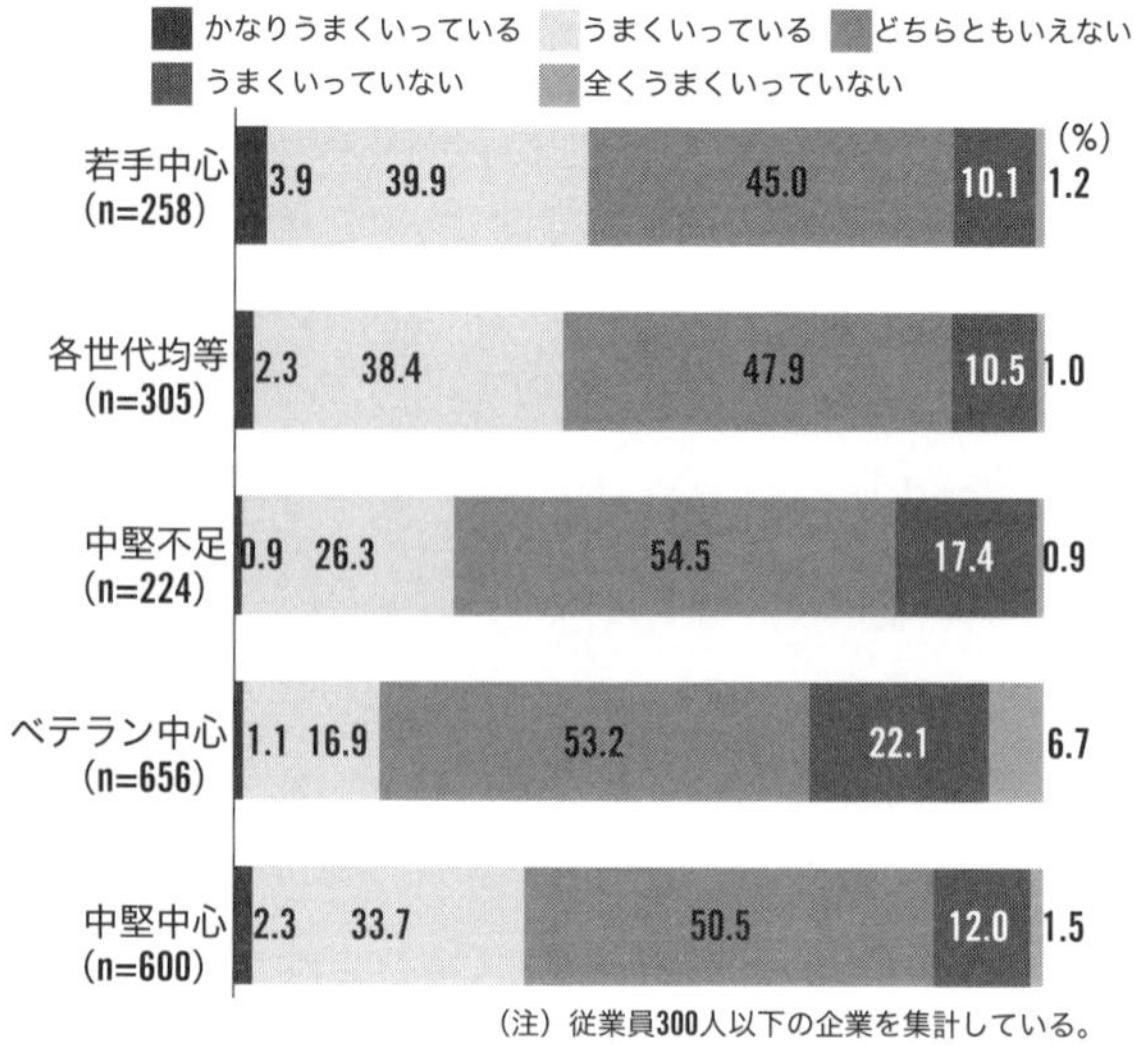

（注）従業員300人以下の企業を集計している。

中小企業庁「2012年版中小企業白書」を基に作図

ている企業の割合は18％にすぎません。

これらのデータからは、中小の製造業の企業においては、ベテラン（熟練）作業者が実務の中心となっており、業務に追われて会社の財産である熟練のノウハウが次世代にほとんど引き継がれていない状況が浮かび上がってきます。

こうした状況が続き、熟練作業者の退職により技術を失った企業が、これまでと変わりなく高品質の〝日本製品〟を作ることができるのか――その答えはいうまでもないはずです。

採用できても3年以内に辞める厳しい現実

2018年に倒産した中小企業の数は8235件になります。

また、倒産にまでは追い込まれなくても、休廃業・解散を余儀なくされている事業者は毎年2万件以上に及んでいます。

需要回復の波がきているにもかかわらず、人手不足の問題に正面から向き合おうとせず、何の対策も講じないままであれば、このように必ず淘汰されるときがくることは間違いありません。しかし、現状では、ほとんどの中小製造業者がいまだ問題の深刻さに気付いていていない、あるいは問題を軽視しているように思われます。

2014年9月に、人材紹介業などを業務とする日研トータルソーシング社が製造業の工場における人手不足の影響や今後の対策などについて、工場の人事部門200人を対象にアンケート調査を行っています。その結果を見てみると、工場の採用状況において約63％が人手不足の影響があると回答していながら、「過去1年間に労働力不足による工場採用計画に変更はあったか」という設問に対し、75％の企業が「変更していない」と答えています。これだけの企業が、人手が足りないことを意識していながら、それに対応するための行動を全く起こしていないのです。その危機感の乏しさには唖然とせざるを得ません。

さらに追い打ちをかけるのが離職率の高さです。厚生労働省が２０１８年に発表した「新規学卒者の離職状況に関する資料」によると、２０１５年３月の新規大学卒業者、新規高校卒業者それぞれの31・８％と39・３％が３年以内に離職しており、そのうち製造業ではそれぞれ19・５％、28・０％になっています。

このように新卒採用者の２割から３割が入社してもすぐに会社を離れてしまう現実があることを見落とすべきではないでしょう。

たとえ、新入社員が採用でき、技術を教育したとしてもその社員がベテランになるまで会社にいてくれるという保証はどこにもありません。終身雇用制度が崩れ、雇われる側にも、技術を身に付け、入社した会社に「一生勤め続ける」という常識はもはや

新規学卒者の産業別卒業3年後の離職率

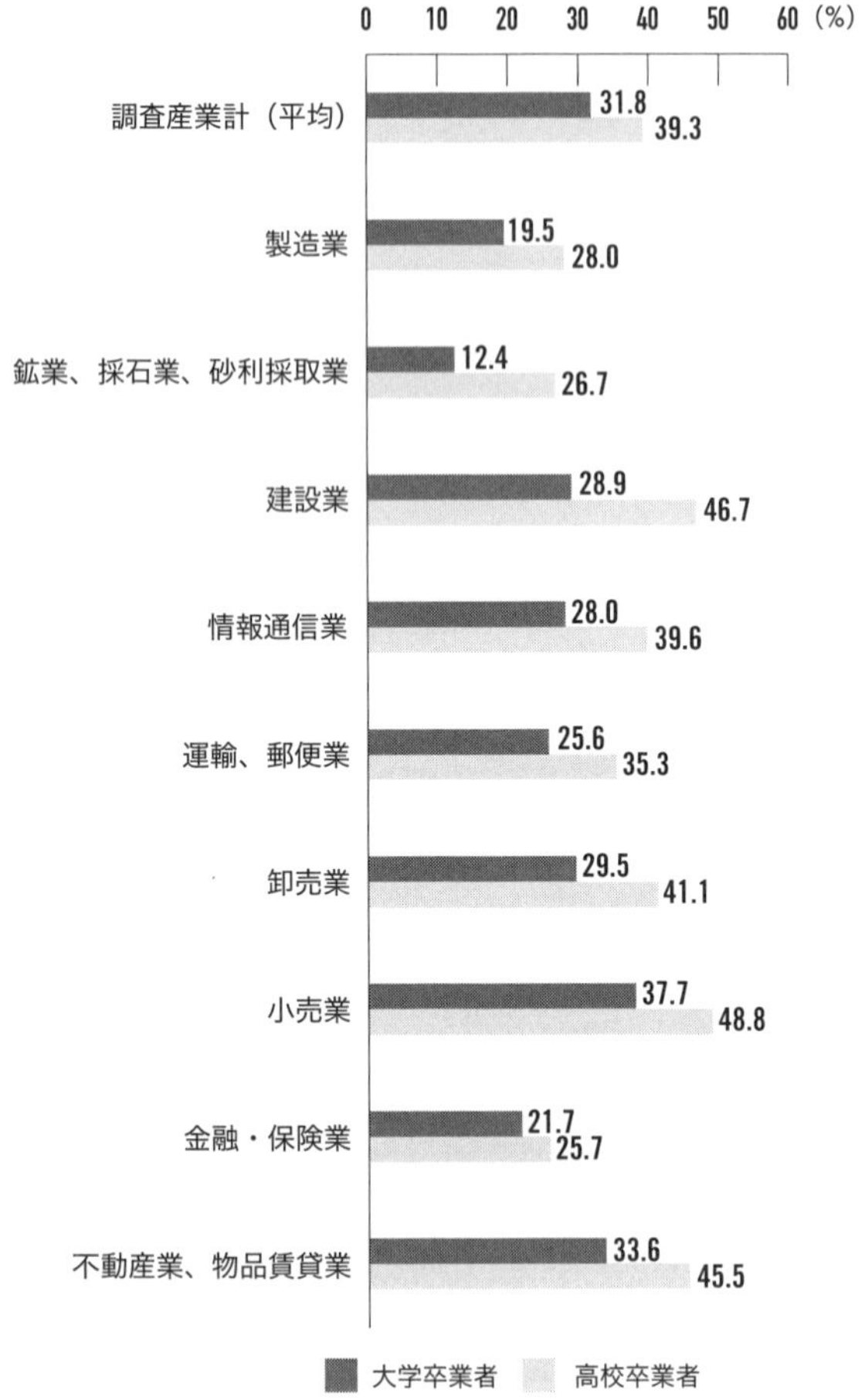

厚生労働省「新規学卒者の離職状況（平成27年3月卒業者の状況）」を基に作図

や通用しません。また、旧態依然とした自動化がされていない3K（きつい、きたない、きけん）職場のような環境も、若い人材が定着しない理由の一端となっています。

そのような時代の変化に対応するために、これまでのような〝人に依存した〟生産現場を見直し、最悪の状況を常に想定して、経営者として事前に十分な対策を講じておくことこそが〝超人材難時代〟を生き抜くための第一歩なのです。

第3章

人手不足を大逆転のチャンスに変えろ「人を減らす」現場改革で利益を激増させる

中小製造業が生き残るためには自動化が不可欠

　ここまで見てきたように、近い将来に中小製造業者が人手を確保できなくなるのは確実です。今すぐに手を打たなければ、取り返しのつかない事態に陥ります。働く人がいなくなり、工場を動かすことができなくなってから嘆いても後の祭りなのです。では、〝超人材難時代〟を確実に生き残るためにはどのような対策を講じるべきなのでしょうか。結論からいえば、「工場の自動化」しか選択肢はありません。

　改めて説明するまでもないでしょうが、工場の自動化とは、これまで人が作業していた生産工程を機械に行わせることです。つまりは、ボタンをひとつ押せば自動的に機械がものを次々と製造する仕組みを作り上げるわけです。すでに、大企業では、「FA（ファクトリー・オートメーション）」などの名のもとで、生産量拡大や人員削減などを目的として工場を自動化する試みが当然のように行われているのはご存知の人も多いでしょう。

一方、中小製造業の世界では、工場の自動化が大きく遅れています。昔ながらの〝人海戦術〟で工場を回している企業が、まだまだ圧倒的多数を占めているのが現状です。実際にその状況を示すデータがあります。近畿経済産業局次世代産業・情報政策課が2017年に発表した「中小企業におけるロボット導入促進研究会」の資料、「主要産業用ロボットの出荷先規模別出荷額」によると、出荷先の中で中小企業が占める割合は溶接工程で22・4％、ピッキング・整列・包装・入出荷工程で16・2％、運搬・搬入管理工程で9・5％、一般組み立て工程に至ってはわずか0・1％でしかありません。

もちろん産業用ロボットの出荷額ですので、一般的な自動機などは含まれていませんが、私の会社では、自動機専門商社として製造業の中小企業とも多くの取引をする中で、このデータが実態を捉えていると見ています。

こうした現状は大変もったいないことです。なぜなら、自動化には人材不足への対策という面だけでなく、品質保証につながるトレーサビリティの確保が可能だからです。現在の製造業界では、リコールにもつながりかねない製品の不良発生を避けるために、原材料や製作過程でのトレーサビリティ重視が一般化しつつあります。そこで福音となり得るのが自動化。自動化の導入によって、全工程の履歴をデジタルデータとして保存することが可能となるのです。つまり、実は納入先の企業から高い品質の製品を求められる中小製造業の企業にこそ自動化は効果を発揮するのです。

また、どんなに複雑な作業でも、個々の工場にカスタマイズした形で自動化を行うことは可能です。

その際、自動化を得意とする専門商社に相談すれば、価格を抑えるための様々な工夫や選択肢をもっているため、自社の予算に応じた形で自動化提案を受けることができます。

主要産業用ロボットの出荷先規模別出荷額

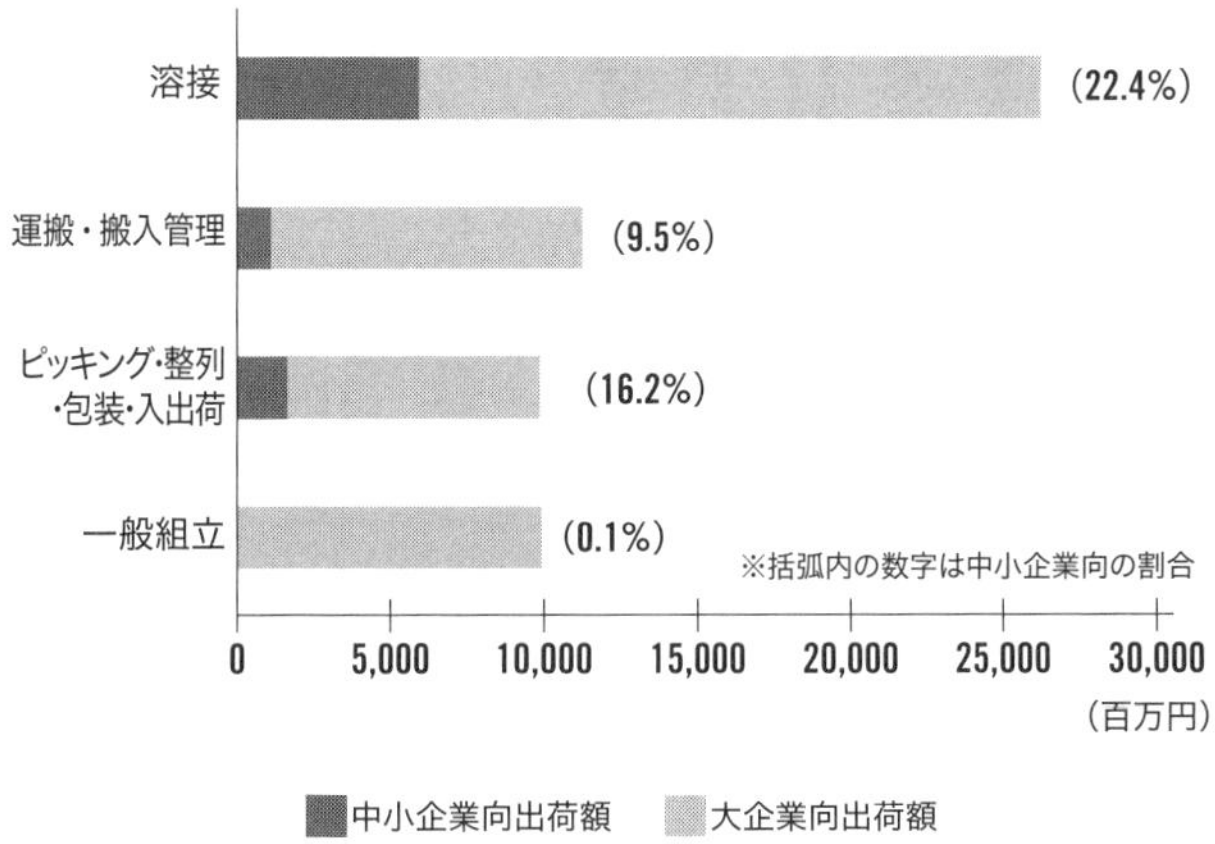

(出典)(一社)日本ロボット工業会

パートや外国人労働者でコスト削減は大間違い。労働生産性で考えれば大赤字

製造業が業績を上げるために必要なことは、
「生産性の向上」＝より効率よく多くの製品を作ること
「品質の向上」＝より質の高い製品を作ること
「コストダウン」＝より安く製品を作ること
です。

日本の製造業各社は、大手企業を中心に徹底的に効率化を図り、よりよい品質の製品をより多く、より安く作り、国際競争力を高めてきました。もちろん製造業の系列構造の中にあった中小製造業各社も例外ではなく、親会社の指導により日々「ムダ取り」に努め、コスト削減のために汗水流してきたはずです。しかし、中小製造業の生産性は、大企業に大きく差を付けられてしまっているのです。その一因として自動化

の遅れが指摘されています。

2016年7月に経済産業省が発表した「製造業の指針」によると、国内における深刻な人手不足を踏まえ、設備投資の強化、とりわけロボットの導入やITの導入を実施し、強い現場を伸ばす経営が必要だとされています。

そもそも、「生産性の向上」「品質の向上」「コストダウン」の3点を満たすことは決して簡単なことではありません。

たとえばコストを削減するために、まず経営者が思い付くことは人件費を減らすことでしょう。

そのため中小製造業の工場では正社員を減らし、パートでラインを稼働させている会社も多く存在します。また、現場の人材不足の解消策として、外国人労働者の採用に舵を切るケースも増えてきました。

しかし、それが本当にコスト削減につながっているのかというと、話はそう簡単ではありません。確かに正社員よりもパートや外国人労働者の方が人件費は抑えられます。そのため目先のコストは下がっているように見えますが、「パートなどを増やす」

↓「人件費が減る」↓「生産性が上がる」という図式が必ずしも成り立たないことに注意しなければなりません。

企業の収益性を図る数値として労働生産性があります。労働生産性は生産額に占める人件費の割合で、作業者1人あたりの生産額を表します。これで大まかな収益性は計算できますが、それをさらに厳密に付加価値（粗利）ベースで計算したものが「労働分配率」です。

労働分配率とは、事業活動によって得られた付加価値（粗利）に占める人件費の割合です。計算式で示せば次のようになります。

労働分配率＝人件費÷粗利額

企業の生産性をチェックする際の指標として、労働分配率はとても重要です。労働生産性だけでは、仮に生産額は高くても粗利が低く利益が薄い場合と、生産額が低くても利益が高いものとの見極めができません。その点、労働分配率であれば、実際に作業者1人あたりが「いくら稼ぐのか」をしっかり把握することができます。

この労働分配率が高い企業は生産性が低く、低い企業は生産性が高いと判断することができます。

2018年に発表された財務省の法人統計企業調査によると、2016年度では資本金10億円以上の大企業の労働分配率が53・7％であるのに対し、1億円未満の中小企業は74・3％となっており、大企業に比べて生産性が悪いことがわかります。

先の計算式が示すように、労働分配率は「人件費」を「粗利額」で割ることによって求められます。中小企業の労働分配率が高いということは、利益に対する人件費が高いということになります。「それなら、やはり人件費を下げることが大事じゃないか、そうすれば労働分配率も下がるだろう」と思うかもしれません。

具体的に計算してみましょう。仮に人件費が7000万円、粗利額が1億円、労働分配率が70％の会社が、1人の社員を辞めさせ、パート2人を雇ったとして計算します。社員の年収は420万円。社会保障費などを加味して人件費は550万円、パートは時給1000円で計算して2人で年間450万円だとすると、人件費は全体で年間100万円の削減となります。これで利益が変わらなかったとすると、人件費が6900万円、粗利額が1億円で、労働分配率は69％。わずか1％しか変わらないのです。

さらに、残業や休日出勤に対応できず、利益が100万円減ったとすると、労働分配率は6900万円÷9900万円で69・7％と変わらなくなってしまいます。

この例のように、結局のところ、中小企業において人件費を削っても労働分配率はそれほど変わらないのです。パートを増やして人件費が減ったと喜んでいたら、実は生産性が落ち、赤字に陥るという事態が十分に起こり得るのです。

ことに、今まで熟練作業者が行っていた作業を、パートや外国人労働者に任せる場合には、そのリスクが高まるはずです。また特に外国人労働者に関しては、日本人との習慣や感覚の相違から、仕事に対しての従来の常識が必ずしも当てはまらないという問題も考えられます。

しかしながら、背に腹はかえられないという状況も起こっています。人手不足の昨今では、パートさえも確保することが難しくなっているのです。

これまで、地方における工場は周囲の環境に配慮して、住居や一般の企業が少ない郊外に建てられてきました。以前は地元に住む人たちにとって貴重な勤め先となり、募集をすればすぐに主婦などを集めることができました。

しかし、最近は郊外型のショッピングモールがどんどん進出しているため、そちらに人材を奪われてしまうという現実があるのです。確かに勤める側からいえば無理もありません。空調の効いたきれいな空間で働き、帰りには夕食の材料を買って帰ることもできる。時給が多少安くても勤め先として選ぶのはショッピングモールとなってしまうのも仕方ないのです。これは近年、新聞やテレビなど、メディアでも度々報じられるほど大きな問題となっています。

このように中小製造業では、パートやアルバイトを採用することすら難しくなっています。パートで賄っているラインは、いつ人がいなくなって生産不能に陥るかわからないというリスクもはらんでいることになるのです。

したがって、労働分配率を下げるためには、人件費を下げることよりも、むしろ「粗利額を増やすためにはどうすればよいのか」を考えることが重要になります。

給料と労働分配率の関係

労働分配率＝人件費÷粗利益額

仮に人件費が7,000万円、粗利額が1億円とすると…

労働分配率は
70%

7,000万円÷1億円＝0.7

労働分配率を下げるために給料を下げた

例1）粗利額 **5,000万円** 減少 ➡ 人件費 **3,500万円**、
粗利額 **5,000万円**

労働分配率は
70%

3,500万円÷5,000万円＝0.7

給料を下げても労働分配率は変わらない！

例2）粗利額 **4,375万円** 減少 ➡ 人件費 **3,500万**、
粗利額 **4,375万円**

労働分配率は
80%

3,500万円÷4,375万円＝0.8

給料を下げたら労働分配率が上がってしまった！

儲けを生み出すための計算式

労働分配率は生産性を向上させ、確実に利益を上げるための指標として非常に有効な指針です。

では、中小製造業の経営者は、労働分配率の目標値をどの程度に設定すればよいのでしょうか。

次に挙げるのは『TKC経営指標』速報版（２０１９年2月決算～２０１９年４月決算）の中から製造業にかかわるデータを引き出してまとめたものです。そこに示されているように、黒字企業の割合が大きな業種の労働分配率はおおむね50％から70％の範囲に収まっています。

したがって、さしあたり労働分配率が50％であれば黒字になる可能性が高くなる、さらにいえば40％であればまず黒字になるといえるでしょう。

経常利益（千円）	売上高経常利益率（%）	損益分岐点比率（%）	生産性（年／人）			平均従事員数（人）
			1人あたり売上高（千円）	1人あたり限界利益（千円）	1人あたり人件費（千円）	
26,443	4.5	90.3	21,414	10,118	5,391	27.3
31,528	5.9	85.5	29,885	12,082	4,996	18.0
23,771	6.9	87.9	15,274	8,670	5,353	22.6
17,292	3.7	92.1	15,189	7,084	4,493	30.9
30,139	8.2	83.6	21,756	10,958	6,282	16.8
12,948	4.7	91.0	15,969	8,288	5,381	17.4
52,868	10.3	74.6	31,531	12,935	6,082	16.2
25,055	8.8	82.0	17,649	8,593	5,133	16.2
23,734	6.9	87.0	18,723	9,895	5,500	18.5

「TKC経営指標　速報版」平成31年2月決算～平成31年4月決算より作成

TKC経営指標（製造業）

業種名	黒字企業件数	黒字企業割合（%）	平均売上高（千円）	対前年売上高比率（%）	限界利益率（%）	固定費		
						人件費（千円）	労働分配率（%）	その他の固定費（千円）
建築用金属製品製造業	38	61.3	583,838	100.2	46.6	146,991	54.0	98,5
生コンクリート製造業	67	77.0	536,960	105.8	40.4	89,771	41.4	95,7
機械工具製造（粉末や金業を除く）	32	64.0	345,343	104.5	56.8	121,046	61.7	51,3
工業用プラスチック製品加工業	25	56.8	470,081	100.9	46.7	139,056	63.4	63,0
他に分類されないはん用機械・装置	43	71.7	365,430	101.4	50.3	105,518	57.4	48,3
他に分類されない鉄鋼業	28	66.7	277,753	94.0	51.6	93,606	65.3	36,7
金属加工機械製造業（金属工作機械）	45	73.8	510,924	109.9	40.7	98,553	47.4	56,4
配線盤・電力制御装置製造業	72	71.3	286,124	111.4	48.8	83,214	59.6	31,3
他に分類されない金属製品製造業	139	63.5	345,845	103.7	52.8	101,606	55.6	57,3

では労働分配率を40％にするためには、どうすればよいのでしょうか。前述のように、労働分配率は「人件費÷粗利額」によって求められます。ここでは、TKC経営指標の「建築用金属製品製造業」のデータを参考にして、作業者が20人、人件費が1億4699万円、その他の固定費が9857万円のA社で、労働分配率を40％にするための方法を考えてみます。

まず、人件費は1億4699万円ですから、労働分配率が40％となる粗利額を求めなければなりません。そのための計算式は以下のような形になります。

労働分配率＝人件費÷粗利額

↓

（労働分配率）　（人件費）　（粗利額）

↓

40％（0・4）＝1億4699万円÷X

（粗利額）　（人件費）　（労働分配率）

X＝1億4699万円÷0・4

↓

粗利額＝3億6748万円

このように、労働分配率が40％になる粗利額は、3億6748万円であることがわかりました。では、そのためには、どれだけの売上高が必要になるでしょうか。粗利額は売上高から製造原価を引いた額になります。製造原価は一般に売上高の5割前後が望ましいといわれています。そこで、この例でも製造原価を売上高の5割として考えることにします。

つまり、3億6748万円の粗利額を確保するために必要となる売上高は以下の計算式によって求められます。

売上高×50％（0・5）＝3億6748万円（粗利額）

売上高＝3億6748万円÷0・5　←

売上高＝7億3496万円　←

このように、3億6748万円の粗利を得るためには、7億3496万円の売上高が必要になることがわかりました。

なお、このときに経常利益がどの程度になるのかも確認してみましょう。

経常利益は、大まかな求め方としては売上高から製造原価、人件費、その他の固定費を引くことによって導かれます。そこで、計算式は以下のようになります（製造原価は前述のように売上高の50％と考えているので3億6748万円になります）。

経常利益＝売上高－製造原価－人件費－その他の固定費＝7億3496万円－3億6748万円－1億4699万円－9857万円

経常利益＝1億2192万円

経常利益が1億2192万円ということは、経常利益率（経常利益を売上高で割ったもの）は約17％になります。経常利益率は5％あれば及第点ともいわれているので、十分以上の利益を上げていることがわかります。

現状の作業フローを徹底的に洗い出す

ここまで見てきたように「生産性を高めて確実に利益を得る」という視点が、人材難に悩まされる中小製造業の経営にはとても重要です。そしてこの生産性を高めるために即効性があるのが、工場の自動化なのです。人の作業ではどれだけ素早く作業を

労働分配率を下げる方法

作業者が20人、人件費が1億4699万円、その他の固定費が9857万円のA社で労働分配率を40%にしたい。

① 粗利額を求める

労働分配率＝人件費÷粗利額

↓

（労働分配率）40%（0.4）＝（人件費）1億4699万円÷（粗利額）X

↓

（粗利額）X＝（人件費）1億4699万円÷（労働分配率）0.4

↓

粗利額＝**3億6748万円**

② 売上高を求める

製造原価を売上高の５割と考えると粗利額も５割

売上高×50%＝3億6748万円（粗利額）

↓

売上高＝3億6748万円÷0.5

↓

売上高＝**7億3496万円**

A社で労働分配率を40%にするためには、7億3496万円の売上高を上げて、3億6748万円の粗利額を得ればよい。

していても、複数の工程を同時に行うことはできないからです。

しかし、せっかく自動化を行っても、人が作業を行っていたときより、効率が下がってしまっては意味がありません。そこで、自動化を導入する際には、まずは工場の現状を正しく把握し、生産時間や生産コストなどを細かく計算することが必要になります。

具体的には、自動化を考えている工程についてどれくらいのコストがかかっているのか、そのラインの労働分配率がどうなっているかを考えます。

その工程の生産性や労働分配率を見るためには、まず「コスト」について洗い出します。コストは、材料費（原材料、燃料、消耗品など）、労務費（人件費）、その他経費（減価償却費、水道光熱費、賃貸料、外注加工費、特許権使用料など）を製品1個あたりで計算します。

たとえば、ある製品のラインについて20人の作業者が担当しており、1時間の生産量が1000個だとすると、8時間労働で1日あたりの生産量は8000個。1人の人件費が時給1000円で1日あたり8000円の場合、20人で16万円、製品1個あたりの人件費は20円になります。

また、10年の償却で３０００万円の機械を入れて1年間に２５０日間稼働しているとすると、１個あたりの償却費は１・５円になります。

その他経費については、人件費と同じくらいかかり、材料費を18・３円と仮定すると、製品原価は20円+１・５円＋20円＋18・３円で、59・８円です。現状の労働分配率が70％だとすると、利益は人件費20円÷０・７＝28・６円になり、売値は59・８円（製品原価）＋28・６円（利益）＝約88円となります。

次に、自動化することによってどれだけの時間とコストを削減できるのかを検討します。

たとえば既存の設備を使って人海戦術で作業していた現場に、新たに自動組み立て機を導入することで、同じ工程が15人で作業できることになったとします。

この場合、人件費は製品1個あたり15円。新たに導入する自動機ユニットは１０００万円で組み込み5年で償却すると仮定すると、１個あたり約1円。その他の条件が変わらないとすると、機械の償却費は既存のものと合わせて２・５円となります。自

計算式＜自動化前＞

1日に8000個の製品を作る工程で1個作るのにかかる費用と売価

人件費

5工程
1工程に4人配置
時給1000円
8時間稼働

⇨ 8000円×20人÷8000個
= **20円/個**

減価償却費

機械の減価償却費
3000万円の機械
を10年で償却
→1年300万円
→1年250日稼働で
1日1万2000円

⇨ 1万2000円÷8000個
= **1.5円/個**

その他 ⇨ **20円/個**

材料費 ⇨ **18.3円/個**

⇩

1個あたりの原価

20円+1.5円+20円+18.3円＝59.8円

＋

利益

労働分配率 **70%** とすると

20円÷0.7＝28.6円

⇩

売値　約88円

動化後の製品原価は、15円＋2・5円＋20円＋18・3円で55・8円。売値は88円なので、利益は32・2円、労働分配率は

人件費15円÷32・2円

で46・6％となり理想的な経営状態になります。

しかも機械は体調や気分により生産量が下がることもありません。常に決まった量を決まった時間で作り続けてくれます。風邪をひいて休むこともありません。受注量が変わらないとしても、人材難による生産不能に陥る危険を考えれば、少ない人数で安定生産できる自動化こそが中小製造業の経営者が今すぐにでも検討しなければならない緊急施策だということがおわかりいただけるでしょう。

プランは様々にあります。投資費用を低く抑えたい、現状の工作機を最大限活かしたいなど、私の会社では現場の状況と経営者の希望にしたがって多角的な視点でプランを提案しています。

計算式＜自動化後＞

1日に8000個の製品を作る工程で1個作るのにかかる費用と労働分配率

人件費

5工程
1工程に3人配置
時給1000円
8時間稼働

⇒ 8000円×15人÷8000個
＝ 15円/個

減価償却費

従来からの機械の減価償却費
3000万円の機械
を10年で償却
→1年300万円
→1年250日稼働で
1日1万2000円

⇒ 1万2000円÷8000個
＝ 1.5円/個

新規導入機械の減価償却費
1000万円の自動組み立
て機を5年で償却
→1年200万円
→1年250日稼働で
1日8000円

8000円÷8000個
＝ 1円/個

その他 ⇒ 20円/個

材料費 ⇒ 18.3円/個

⇓

1個あたりの原価

15円+1.5円+1円+20円+18.3円＝55.8円

⇓

利益

売価 88円－原価 55.8円＝32.2円

⇓

労働分配率

15円÷32.2円×100＝ 46.6％

まずは簡単な工程から自動化する

自動化に着手する場合、様々な工程が考えられますが、まず手始めに生産性が目覚ましく向上する工程から取り組みたいものです。私の長年の経験からいえば、いきなり完全自動化をしようとするとたいてい失敗します。そうではなく、簡単に導入でき、人の手数を減らす、部分的な自動化から始めることを強くお勧めします。

具体的には、専門的な知識や技能があまり必要でない、単純作業が多い工程です。こうした工程の多くはパートを使い、人海戦術でこなしています。いくら人件費が安くても多くの人数を使えばコストはかさみます。また、人手不足でパートの確保ができなければすぐに影響が出やすい工程ともいえます。

さらに、工業技術やIT技術が日々進歩する中で、従来は機械に置き換えることが難しい、機械に置き換えるとコストが割高になり、中小企業には手が出せないと思われていた分野でも、自動化が可能となっています。

自動化の対象工程としては、大きく「加工」「組み立て」「検査」「搬送・包装」の4つが考えられます。さらに「検査」工程は大きく2つに分けられます。製品の欠陥（傷、ゆがみ、色）などを目視で調べる「外観検査」と電圧・重さ・圧力・寸法・動作チェックなど、数値で確認する「性能検査」です。

各工程のうち、「加工」と「搬送・包装」「計測（寸法）検査」については、早くから自動化が容易だとみなされていましたし、実際、すでに当然のように導入されていきます。特にベルトコンベアに代表されるような「搬送」工程は自動化の入門編ともいえるでしょう。

自動化に慣れたら、複雑な工程にもチャレンジする

入門編として簡単な工程の自動化ができたら、次のステップとして「組み立て」と「外観検査」といった自動化が難しく、コストもかかると考えられてきた工程の自動化にかかります。よほど資金が潤沢な企業でない限り、この工程の自動化には手が出せないと思われてきた分野です。

なぜこれらの自動化が難しいかというと、「組み立て」は加工に比べれば、はるかに複雑な作業が求められますし、また「外観検査」は作業者の主観的な判断に大きく依存せざるを得ないからです。

では、この「組み立て」や「外観検査」が自動化できたとしたらどうでしょうか。それによって、どれだけ工場が楽になるのかを、以下の例をもとに具体的に見ていきます。

自動化の対象工程

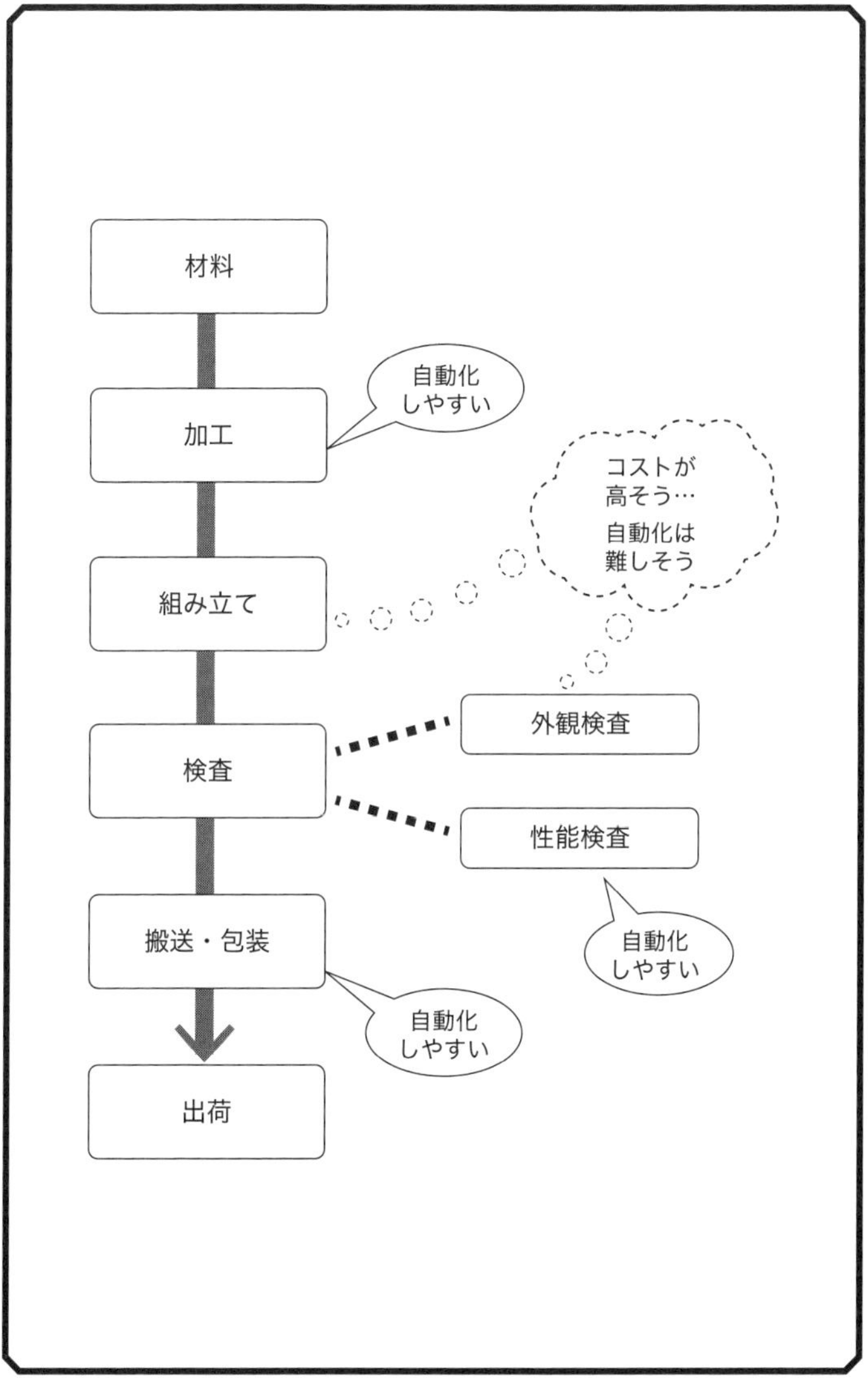
材料
加工
自動化しやすい
組み立て
コストが高そう…
自動化は難しそう
検査
外観検査
性能検査
自動化しやすい
搬送・包装
自動化しやすい
出荷

中小製造業のB社は、年商が6億円、製造原価は3億円、粗利額は3億円でした。つまり、粗利率は50％になります。また、人件費以外の固定費は1億5000万円、総人件費も1億5000万円でした。労働分配率は「人件費÷粗利額」なので、50％になります。生産性向上のために、この労働分配率を、前述したように最低でも40％以下に下げたいところです。

そのためには、粗利額を3億5000万円にする必要があります。

粗利を上げるための手段としては、次の2つの方法が考えられます。

①製造原価を下げる
②売り上げを上げる

です。たとえば組み立ての工程を自動化すれば、人が作業を行っていた場合よりも確実に生産量を増やすことが可能となるでしょう。人は休みなく働かせることはできませんが、機械であれば24時間稼働させることも可能だからです。また、これまで2人で組み立てていた工程が、1人のオペレーターで作業できるようになり、製造原価の一部である直接労務費を大きく削減できます。

その結果、粗利額を3億5000万円にするという目的を達成することは難なく実現できるはずです。

具体的には、生産量を増やし売上高が7億円、製造原価が3億5000万円になれば、粗利額は3億5000万円になります。

このように自動化を行うことで、生産性を大きくアップさせることが期待できるのです。

自動機専門商社に任せれば自動化は容易

先に、中小製造業経営者の間に「自分の工場の作業は複雑だから、自動化できない」という思い込みがあることについて触れました。

工場経営者が、このような先入観を持っている原因の一端は、出入り業者にあります。

たとえば、過去に「組み立て工程の自動化を検討して出入り業者に相談したが、対応できないと断られた」という経験はないでしょうか。

自動化の依頼を受けても、多くの業者は自社で取り扱っている製品以外は対応できないため、その範囲を超えた提案（他社製品との組み合わせなど）をすることはありません。そして、自分たちにできないことは、ただ「できない」としか回答しないのが普通ですから、依頼した経営者たちは「そうか、やはり無理なのか」とあきらめてしまいます。それは当然の帰結です。

一方で、自動機の専門商社の業務内容は、ただ単に機械をメーカーから仕入れて販売するだけのものではありません。むしろ、主に製造業の顧客に対して、最適な設備機械、装置などを提供することが主要なサービスとなっています。

自動化は、出来合いの機械を導入すればいいというような単純なものとは異なります。目的が一件一件異なり、細かい仕様や条件が指定される自動化に対応する既製品はありません。つまり、いくつもの課題を解決して本来の目標をクリアできるように、全工程を俯瞰《ふかん》して各種の機械を選択・調整の上、新たなシステムを組み上げる能力があって、初めて自動化の依頼に応えられるのです。

このように自社で工場を持たずに製品を作る会社を自動機専門商社――ファブレスメーカーといいます。ファブレスメーカーは、「ネジを自動で検査するならこのメーカー」「機械を組み立てるならこのメーカー」と、数ある取引先から最適な会社を見つけ、それぞれを組み合わせることで顧客専用の自動機を提案できます。そして、選んだメーカーとともに、機械の仕様の打ち合わせをして、顧客の求める「世界にひと

自動機専門商社が様々な自動機を提案できる仕組み

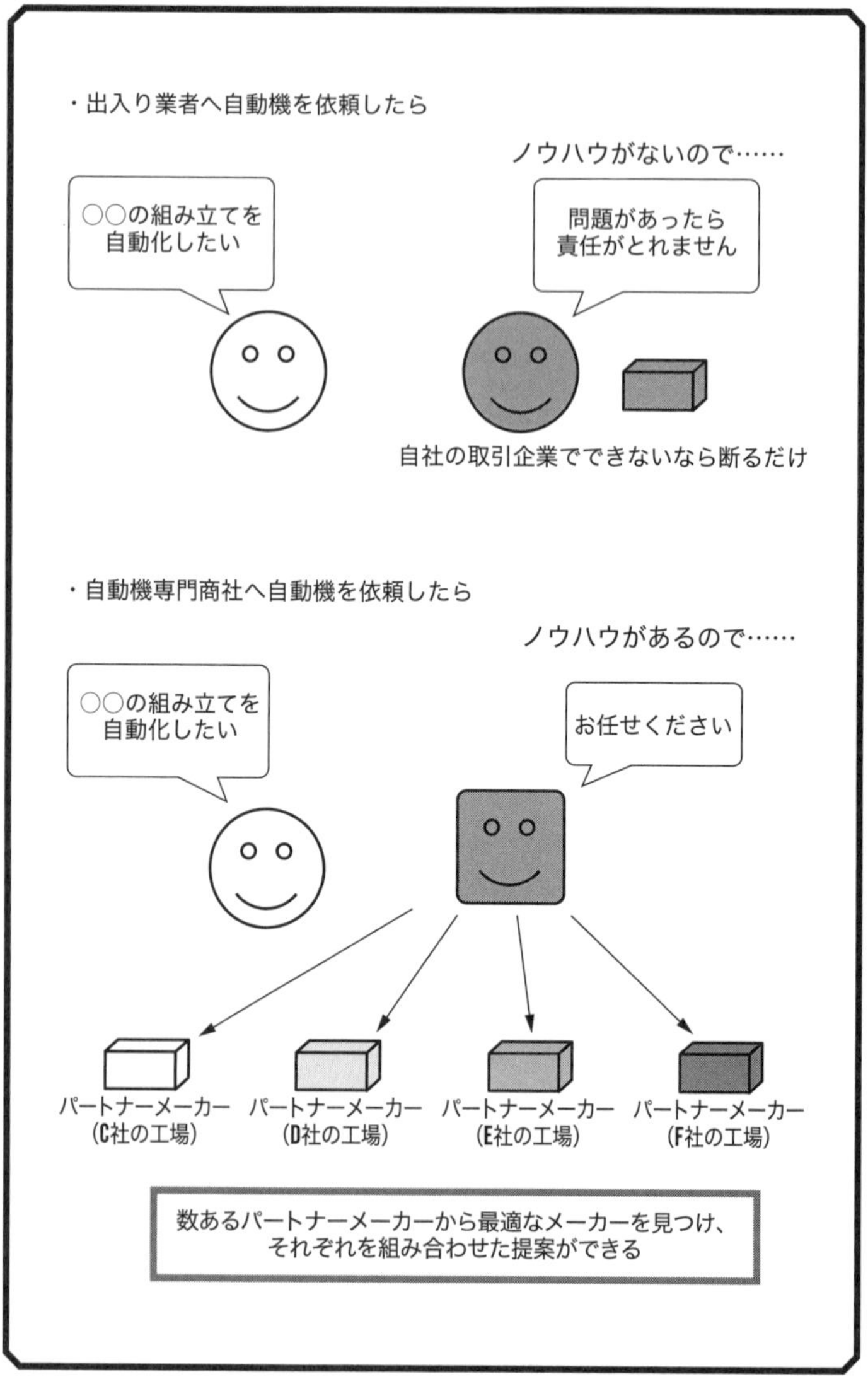

つだけ」の機械を形にしていくのです。

このようにあらゆるメーカーのあらゆる商品を扱う、ファブレスメーカーに依頼すれば、自社のニーズに合った自動化を確実に、そして容易に実現することができるのです。

自動化で利益を上げるコツ①
熟練作業者の技の自動化を考える

ここまでご紹介してきたノウハウを参考にすれば、自動化をスムーズに実現できるはずです。ここからはさらに一歩進んで自動化によって確実に利益を上げるためには、どのようなコツがあるのかを見ていきます。

最初にお勧めしたいのは、熟練作業者の技の自動化を考えることです。

生産現場では、とりわけ熟練作業者への依存度が高い工程が存在します。そして、人材難に陥ったことでどうやって技術を次代に伝えるかが、中小製造業にとって大きな課題となっているのは前述のとおりです。

そもそも熟練作業者が行ってきた工程を、経験の浅い作業者が担当すればどうしてもミスが多くなり、歩留まりが悪くなります。製品の安定供給や品質の均一化、作業効率を優先させ、ついついベテランに任せてしまっているのが実情です。

特に製品の最終段階である検査工程は、熟練の経験が必要なことから、経験値の高い作業者が担当していることが多いうえ、外観検査の自動機が高額だったため、自動化が先送りされていました。しかし、最近では高い処理能力を持ち、処理速度も格段に向上した実用的な外観検査装置が登場しています。また、多種多様なアプリケーションも開発されているため、そういったものを駆使すれば安価に検査工程を自動化することが可能になっているのです。

ただし、自動化するためには、技術を持つ熟練作業者たちの視点やコツをヒアリングし、システムを構築する必要があります。だからこそ、熟練作業者が現役として働いている今のうちに、すぐにでも自動化を進めていくことが必要なのです。

自動化で利益を上げるコツ②

人海戦術の工程はコストカットの第一候補

また、人海戦術で人手に頼っている工程は積極的に自動化したいものです。

なぜかというと、まず、自動化により作業スピードが格段に向上するからです。

たとえば、1人の作業者が10秒かけて作っていたものを自動化によって2秒でできれば、自動機1台で5人分の働きをすることが可能になります。10人必要だった工程が機械2台とオペレーター2人でできるようになり、8人の人件費を抑えることができるのです。

また、品質管理の意味でもメリットがあります。人海戦術の作業を行うと必ず発生するのが、ヒューマンエラーです。人間が作業する限り、永遠にミスなく作り続けることは不可能です。もし、ミスのあったNG品をそのまま納品し、クレームが発生したとしたら、会社の信用にかかわります。万が一、大きなトラブルに発展してしまった場合、多大な時間とお金と労力を払わなければなりません。そのようなトラブルを避けるためにも、まず人海戦術の工程を自動化すべきなのです。

①組み立て

高価な自動化ラインを導入して、最初からすべてを自動化する必要はありません。作業者と自動機の役割を明確に分けることで、導入コストを抑えつつ、ヒューマンエラーのリスクを避けながら組み立てを行います。

②検査

塗りムラや表面の傷など、人手に頼ってひとつずつ見分けていた検査が、カメラの処理能力、処理スピードの向上により自動化できるようになりました。人によるチェックでは、作業者の熟練度によってスピードや精度にバラつきが生じてしまい、経験が浅い作業者ではNG品の見逃しなどミスが起こりやすくなります。

③梱包

できあがった製品を運び、持ち上げ、箱に入れ、閉じるという一連の作業を自動化します。人手に頼っている場合、重い製品であれば単純に作業者の体に負担がかかる他、梱包中にゴミやホコリなど異物が入ってしまうリスクもあります。

自動化で利益を上げるコツ③
付加価値を生まない「運ぶ」工程を省く

切断や溶接、組み立てなどの作業は、原材料を製品に変える工程です。つまり、付加価値を生み出す作業といえます。

それに対して、単にA地点からB地点へ原材料を移動する作業は、付加価値を生み出していません。

しかし、製造現場ではこのような「運ぶ」「持ち上げる」「置く」行為が頻繁に発生する工程が多くあります。

これらの「搬送」を自動化することによって、作業のスピードアップ、人件費の削減、省スペース、安定した作業と安全など様々なメリットを確保できるはずです。

搬送を自動化する前提としては、自社の工場でどのような場面でものの移動が生じているかを具体的に把握しておくことが必要になります。

搬送を自動化すれば、それによって浮いた人やスペースを利用して別の有益な業務を行うことができ、その結果、より多くの付加価値を生み出すことが可能となるでしょう。

適正なサイクルタイムを把握することが自動化成功の秘訣

工程を自動化することによって生産に要する時間は短縮し、生産量も増やすことが可能です。

しかし、いくら早く作れるからといって、その分多く作ればいいというものではありません。トヨタ生産方式では「大量に早く作ることは遅れる以上に悪いことである」としています。この考え方はあまりにも有名ですが、必要なときに必要なものを必要な量だけ作って提供しようという「ジャスト・イン・タイム」です。もちろん納期に遅れることなく納品することは当然ですが、製品が倉庫で停滞するのも、場所を取り、さらに製品の管理という余計な作業も生まれます。

この考え方を各工程で共有し、そのとき必要な量だけを時間内に作ることを徹底することでムダは削減されます。

ジャスト・イン・タイムの考え方

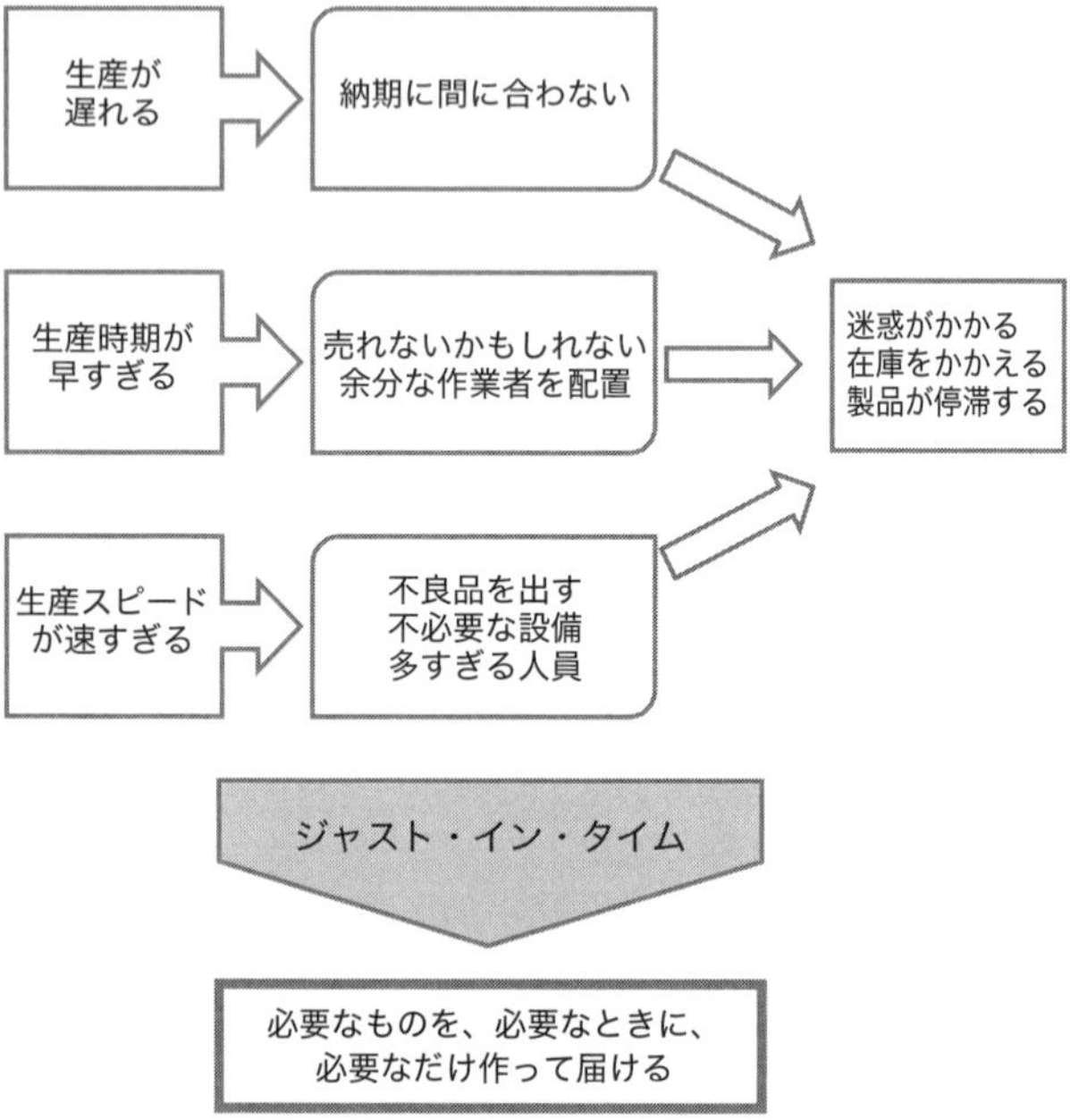

本来は目標生産量があり、それにしたがってシフトを調整するのが基本ですが、自動化を導入していない中小製造業の工場では、人手不足などによりシフトや作業者の能力の限界から生産量を決定しているという本末転倒が横行しています。

自動化で効果を出すためには改めて、各工程でどれだけの生産数を達成するのか、具体的な目標値を定めることが必要です。

そのためには、まず1日に必要な生産量と製品1個を何分何秒で作らなければならないのか、すなわち「サイクルタイム」を割り出します。このとき、これまでの生産量を基準にするのではなく、生産能力の向上を前提に、取引先に打診しどれだけ受注を増やせるのかも考えて設定することが必要です。「サイクルタイム」は受注量ですから、自社の生産能力に合わせるものではありません。

計算方法は、1カ月の必要生産数（月産数）を月間稼働日数で割り、1日あたりの必要生産数を出します。次に1日の稼働時間を1日の必要生産数で割ったものがサイクルタイムです。そのサイクルタイムを基準に各工程でどれだけの時間で作業すればいいかを算出していきます。

サイクルタイム

①1日の生産必要数割り出し

$$1日の生産必要数 = \frac{1カ月の生産必要数}{1カ月の稼働日数}$$

②サイクルタイムの割り出し

$$サイクルタイム = \frac{1日の稼働時間}{1日の生産必要数}$$

↓

1個の製品、あるいは部品を何分何秒で
作らなければならないかを決める

↓

サイクルタイムをもとに、１人あたりの作業量、
機械の配置などを決定する

1日の生産数＝1カ月の生産数÷1カ月の稼働日数
サイクルタイム＝1日の稼働時間÷1日の生産数

こうしてサイクルタイムを算出したら、その目標値を実現できるような形で、自動化の仕様を決めていけばいいのです。

第4章

「人海戦術」の組み立て業務はムダだらけ自動化で生産量倍増と品質向上を実現する

人手に頼った工程を自動化して効率を上げる

現在、工場で行われている作業の中で自動化が最も大きな効果を発揮すると思われるのが組み立ての工程です。

中には熟練作業者の高度な技能が求められるような複雑で専門性の高いものもありますが、大半の組み立て作業は基本さえ学べば誰にでも行うことが可能な単純作業です。そのため、ほとんどの工場では、組み立ての工程を、大勢のパートや外国人労働者を雇って〝人海戦術〟でこなしているのが実情です。

しかし、再三述べてきたように、こうした人手頼みの状況では、人が足らなくなったときに一気に破綻するおそれがありますし、また、そもそもスピード、クオリティーの面でムダが多すぎます。たとえば10人の作業者がいたとしたら、その中には誰よりもスピーディーに製品を組み立てられる人がいる一方で、平均よりも遅くしか作業が

人海戦術のムダ

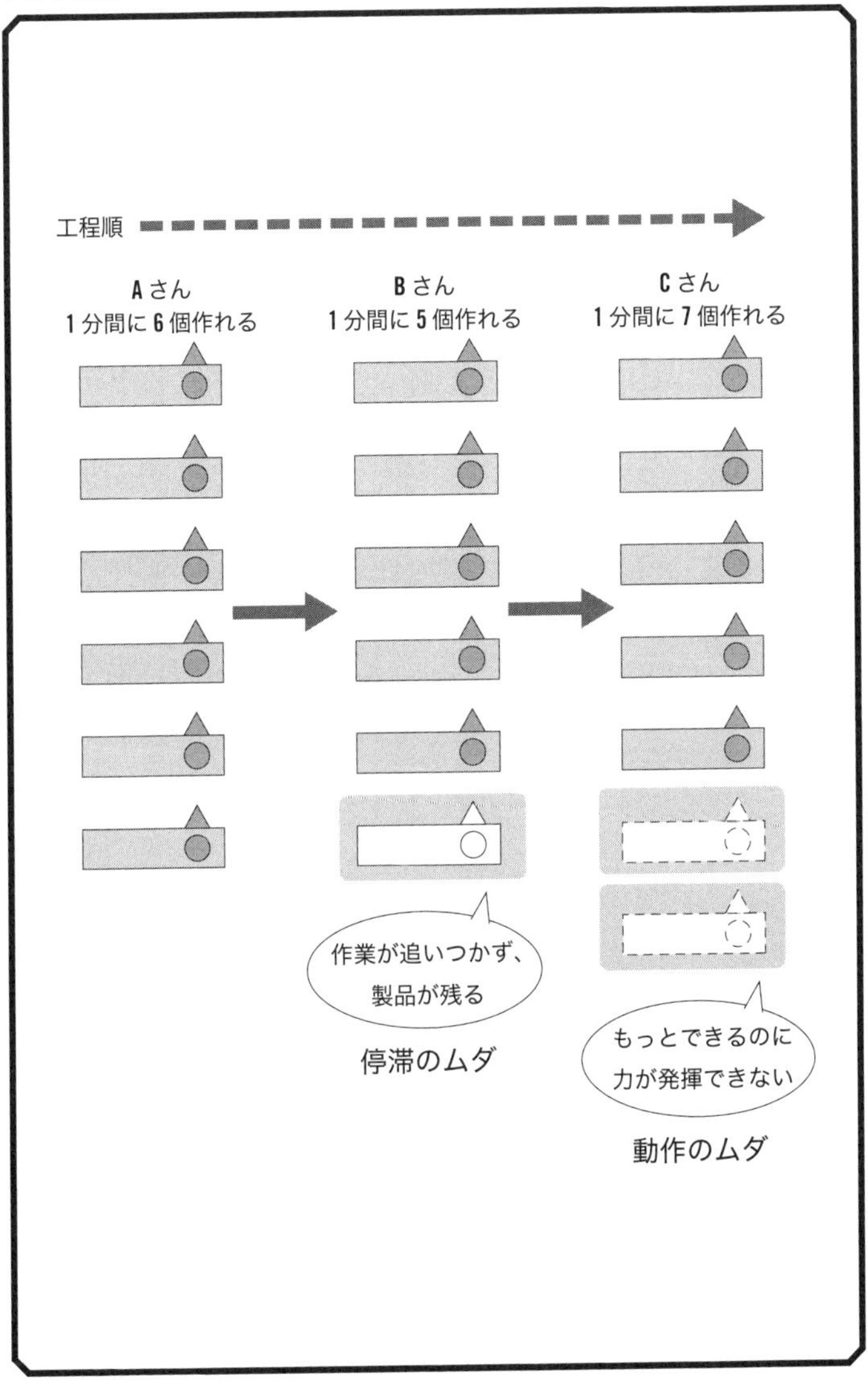

工程順
Aさん
1分間に6個作れる
Bさん
1分間に5個作れる
Cさん
1分間に7個作れる
作業が追いつかず、
製品が残る
停滞のムダ
もっとできるのに
力が発揮できない
動作のムダ

できない人もいるでしょう。また、完璧に製品を仕上げられる人がいれば、ミスばかりする人もいます。そして一般論として、それほど能力を問わずに人を集めた場合には、「できる人」よりも「できない人」の方が多くなるものです。したがって、〝人海戦術〟に依存したままでは、工場の生産性を上げることは困難であり、組み立て工程のスピードを今以上にアップし、なおかつ製品のクオリティーを向上させたいのであれば、自動化を行うことが不可欠となります。

もっとも、組み立ての自動化は「やろう」と思い立ってパッとできるものではありません。たとえば材料を一定の寸法で切り出すような単純な加工作業とは異なり、組み立てに関しては部品を組み付ける人の複雑な動きを機械で再現しなければなりません。部品には様々な形がありますし、組み付けの方法も「カシメる」「圧入する」「ひねって入れる」などいろいろな態様があります。すぐにはうまくはまらない場合、手作業であれば、感覚的に工夫してはめ込むことができます。しかし、人ではない機械にそうした動きを行わせることは容易なことではありません。そのために、組み立ての自動化は遅れていたわけです。

まずは、自社の工場で日々行われている組み付けの工程を徹底的に分析し、それを再現するためにはどのような機械が必要となるのか、その必要な機械は市場にすでに存在するのか、存在しないとしたら新たに開発できるのか、を検討しなければならないでしょう。

そして、目的に適した機械がすでに存在しているとすれば、商社などを通じて調達しなければなりません。また、新たに開発しなければならないとしたら、開発できるメーカーを探さなければなりません。

このように組み立て工程を自動化するためには、はじめに検討すべきことが数多くありますし、また自動化を進めていくうえで注意しておかなければならないポイントもたくさんあります。

以下では、組み立て工程を自動化した実例を紹介していきますが、その中では、自動化の際に検討すべきこと、注意すべき点についても適宜触れていきます。合わせて、自動組み立て機の導入によって、生産効率性がどれだけ上がるのか、あるいはどれだけのコストを削減できるのかも解説します。

事例Ｉ●ロボット導入などで生産量アップが可能に【シリコン塗布装置】

まず、はじめに取り上げるのは、加工対象物（ワーク）の表面にシリコンを自動的に塗布する装置です。シリコンが接着剤となり、主に自動車部品の電子制御ボックスを封止したり、半導体の電子部品にホコリや異物が入らないように保護する作業工程で利用します。従来は作業者1人が手塗りで作業を行っていた工程を自動化することを目的に導入されました。一連の工程では作業者も必要になるので、実際には「半自動化」かもしれませんが、それでも大幅な効率アップが望めます。

この装置は、アームに付いた注射針のようなノズルがワークの上を動き、注射針状の先端から液体状のシリコンが塗布される仕組みとなっており、架台部、安全機能部、塗布量測定・補正機能部、材料検知機能部、制御機能・モニター部から構成されています。

この工程の難しさは温度管理です。

シリコンは高温になると凝固する性質を持っています。特に夏場には工場内の温度が40度、50度まで上昇するので、固まって容器の中から出てこなくなるおそれがあります。そこで、シリコンの温度が上がらないよう、容器の内側に冷風を流してシリコンの温度を一定に保つための工夫を凝らしました。

また、シリコンの量が少なくなると容器の中の空気が増え、シリコンを正確に塗布することが難しくなります。それを防ぐために、シリコン液が少なくなったことがわかるようにセンサーを取り付けて、適当なタイミングで補充できるようにしました。

新人でも操作できる自動機

このように装置の仕組みには様々な工夫が施されていますが、操作自体は実にシンプルです。装置を起動してから、シリコンの塗布が開始されるまでの手順を確認しておきましょう。

①タッチパネル画面の運転準備を押す
②タッチパネル画面の自動運転を押す
③バーコードリーダーで品種データを読み取る（初期自動運転時及び品種切り替え時のみ行う）
④ワークセット治具にワークをセットする
⑤シリコン塗布がスタートする

これらの手順を見ればわかるように、自動化に用いられる機械の多くは基本的に誰でも簡単なマニュアルを読めばすぐに操作することができます。機械を動かすために作業者に特別な教育をする必要はありません。

それこそ、昨日入社したばかりの新人社員でも、即座に操作方法を理解して苦もなく使いこなせるでしょう。手作業で組み立てを行っていたときには、新しい作業者が

シリコンの温度を一定に保つ仕組み

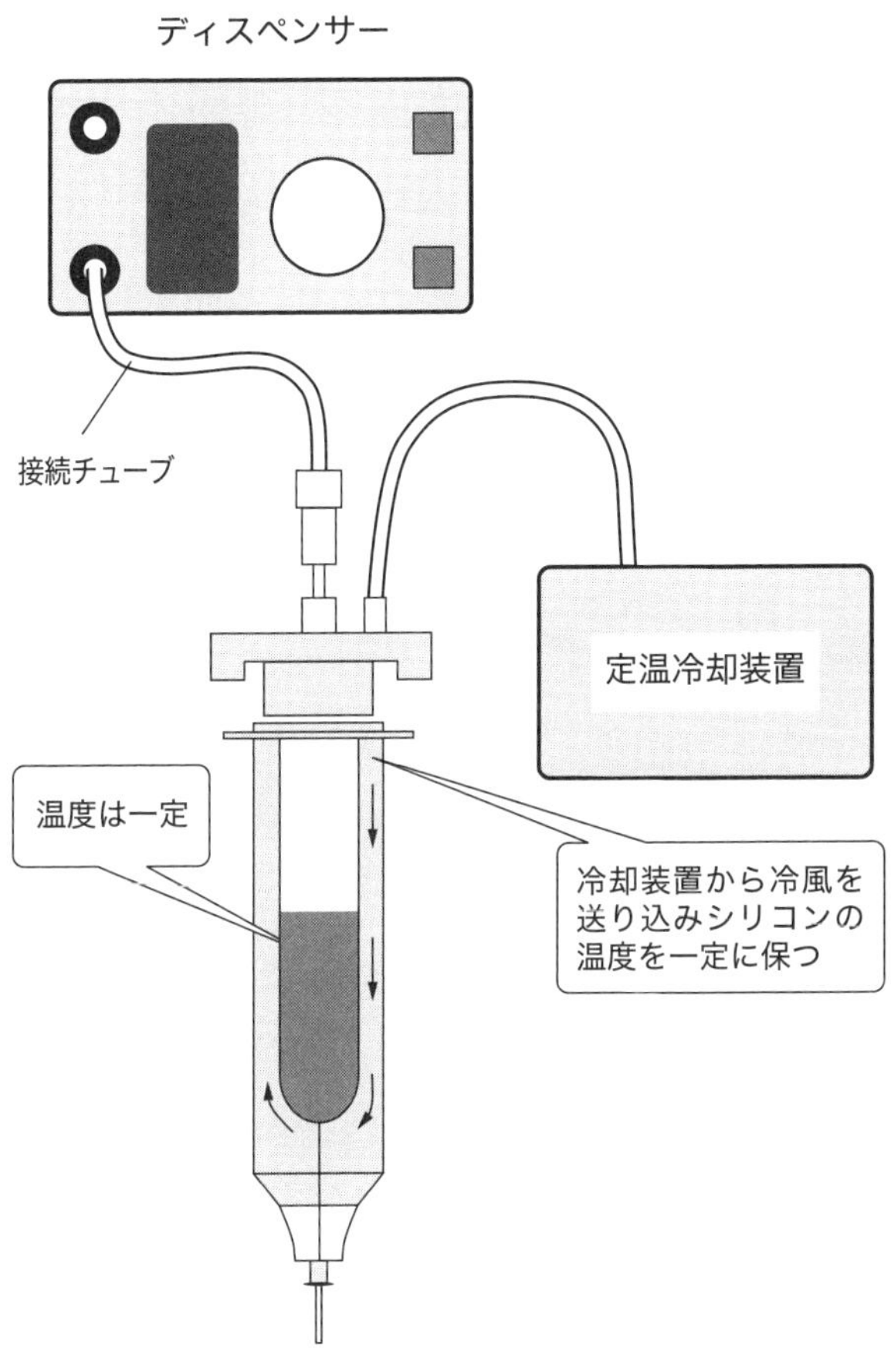

入ってきた場合、平易な作業でも、まずは時間を取ってじっくりと作業方法を教えていたでしょうし、「ここがうまくはまりません」「この部品とこの部品をくっつけるのにはどうしたらいいのでしょうか」などという細々とした質問を数えきれないほど受けていたはずです。そうした教育、指導の時間や手間も、自動化によって省かれることになるのです。

自動機導入で得られたメリット

では、このシリコン塗布装置を導入したことによって得られたコスト効果について検討してみます。

まず、装置全体の費用（架台部、安全機能部、塗布量測定・補正機能部、材料検知機能部、制御機能・モニター部、その他の費用）は、合計で366万5000円でした（若干の修正を加えていますが限りなく実際の費用合計額に近い数字です）。

一方、装置の納入先からは伝えられていないので手作業で塗布を行っていたときに実際に人件費がどれくらいかかっていたかは不明です。そこで、この作業を時給1200円でパートに行わせていたと仮定してみましょう（1カ月間の労働時間は160時間）。その場合、以下の計算式から、年間で人件費は230万4000円発生することになります。

1200円×160時間×12カ月＝230万4000円

そして、人件費は2年間で460万8000円になります。装置を導入した結果、こうした人件費の支出はなくなるわけですから、2年目には投資した費用を回収できることになるわけです。

しかも、この装置を導入したことによって、ワークの生産台数は1・5倍になりました。つまり、手作業だったときに1時間に100台生産していたのが、150台へと増えたのです。

このように、生産数も大きく増えることになるのですから、装置のために投資した366万5000円という金額は決して高くない、それどころか〝安い〟とさえいえるのではないでしょうか。

それでも「いや高い、一体どうしてこんな金額になるのだ」と思われる人のために、ご参考までにこの塗布装置の開発に際して私の会社が発注先に提出した見積もりをご紹介しましょう。以下のように品名とその設計、購入、加工などにかかった金額などを示しています（数量はどれも一式なので金額は単価と同じです。なお、バーコードリーダー、ワーク治具については発注者であるメーカーから支給を受けていたので、それらの費用は発生していません）。

①架台部

設計費（16万5000円）、購入品費（38万5000円）、加工費（7万5000円）

②安全機能部

設計費（3万5000円）、購入品費（67万円）、加工費（3万5000円）、配線費（1万5000円）、ソフト費（0円）

③塗布量測定・補正機能部

設計費（3万5000円）、購入品費（22万円）、加工費（3万5000円）、配線費（1万5000円）、ソフト費（5万5000円）

④材料検知機能部

設計費（0円）、購入品費（0円）、加工費（0円）、配線費（1万5000円）、ソフト費（4万5000円）

⑤制御機能・モニター部

設計費（7万5000円）、購入品費（95万円）、加工費（9万円）、配線費（14万5000円）、ソフト費（17万円）

⑥その他

構想検討費（4万5000円）、組み立て調整・現地調整費（19万円）、諸経費・管理費（12万円）、梱包輸送費（8万円）

このように、細かく個々の数字を見ていけば、先に挙げた数字にもしっかりとした裏付けがあることがわかり、「なるほど、こうやって一つひとつ積み上げていくと、

シリコン塗布装置の見積書

御見積書

年6月12日

[redacted]株式会社様

常盤産業株式会社
営業本部

〒486-0000
愛知県春日井市松河戸町安賀2588-1
TEL (0568)44-0777
FAX (0568)85-7799

承認	査閲	担当

下記の通りお見積り申し上げますので、何卒ご用命の程宜しくお願い申し上げます。

製造会社：[redacted]
受渡場所及び条件：
納期：別途打合せ
見積有効期間：
御取引条件：検収締×翌月末 支払一括システム

金額（税別）　¥3,665,000-

項	品名および仕様寸法	数量	単価	金額
	シリコン塗布装置			
1	架台部			
	設計費	1 式	165,000	165,000
	購入品費	1 式	385,000	385,000
	加工費	1 式	75,000	75,000
2	安全機能部			
	設計費	1 式	35,000	35,000
	購入品費	1 式	670,000	670,000
	加工費	1 式	35,000	35,000
	配線費	1 式	15,000	15,000
	ソフト費	1 式	0	0
3	塗布量測定・補正機能部			
	設計費	1 式	35,000	35,000
	購入品費	1 式	220,000	220,000
	加工費	1 式	35,000	35,000
	配線費	1 式	15,000	15,000
	ソフト費	1 式	55,000	55,000
4	材料検知機能部			
	設計費	1 式	0	0
	購入品費	1 式	0	0
	加工費	1 式	0	0
	配線費	1 式	15,000	15,000
	ソフト費	1 式	45,000	45,000
5	制御機能・モニタ部			
	設計費	1 式	75,000	75,000
	購入品費	1 式	950,000	950,000
	加工費	1 式	90,000	90,000
	配線費	1 式	145,000	145,000
	ソフト費	1 式	170,000	170,000
6	その他			
	構想検討費	1 式	45,000	45,000
	組立調整・現地調整費	1 式	190,000	190,000
	諸経費・管理費	1 式	120,000	120,000
	梱包輸送費	1 式	80,000	80,000
	合計			3,665,000

記事　バーコードリーダー、ワーク治具は御支給願います。

（注）1. 次の場合再見積をさせていただきます。
①見積有効期間が経過した時　②御取引条件、仕様、設計等の変更があった時
2. 上記見積金額は税抜き表示です。消費税は別途御請求申し上げます。
3. 天災・その他弊社の責によらない不可抗力、その他弊社の故意または重大な過失によらずご注文品の全部または一部について滅失・毀損・納入遅延もしくは不能を生じた場合、弊社はその責に任じ兼ねます。
4. 関税・その他内外公課金の新設・増額、原材料価格の高騰または本製品価格につき公定指示またはその改定等により、本見積価格の変更を要するときは改めて協議願います。

これだけの金額になるのも納得だ」と実感できるのではないでしょうか。

ちなみに、すべての業者が、必ずしも私の会社のようにここまで詳細な見積もりを出すとは限りません。中には、全く項目を挙げずに、費用の合計額だけを示してくるようなところもあります。そのような業者は「とりあえず多めに見積もりを出しておこう。この金額でＯＫが出たらしめたもの」というように、依頼主のことよりも自分たちの利益しか考えていない可能性があります。逆にいえば、見積もりを見ることによって、業者の誠実度を知ることもできるのです。

仕様書の作成から設置までは6カ月

私の会社がこの装置の仕様書を作成してから、設計・製作を経て納入に至るまでは以下のような流れをたどりました。

①装置の仕様書を作成する
②仕様書にしたがい装置を製作できるメーカーを選定する
③見積書を作成する
④装置を発注する
⑤装置の設計を行う
⑥装置の製作を行う
⑦ソフトの製作（デバッグ）を行う
⑧装置を運搬する
⑨装置を設置する
⑩最終確認をする

これらの①から⑩までの流れはおおむね6カ月程度でした。私の会社の場合は、このように、製作する装置の仕様が決まれば、パートナーのメーカーと連絡をとりあい、完成・導入までスムーズに作業を進めていきます。業者の中には、自動化に関する十分なノウハウも知識もないのに安請け合いする者もいます。もし、そのようなところに間違って依頼してしまうと、注文した機械がいつまでたってもできあがってこなかったり、またできあがったとしても、すぐに不具合を起こしてしまうような欠陥品を掴まされることもあります。

そうした能力の不足した業者はえてして、注文を得たいばかりに相場よりもはるかに低い見積もりを提示してきます。安いと思って飛び付くと、激しく後悔することになりかねませんので、くれぐれも用心が必要です。

事例2●費用対効果の高い自動化を考える【ホース自動組み付け機】

先にも述べましたが、工場の自動化を考えたとき、最初から全工程を自動化する必要は全くありません。幸い今はまだある程度、人手が足りている企業が多いでしょうから、かけられる予算とのバランスを考えながら、少しずつ段階的に自動化を進めていくのもひとつの手です。逆に、「とにかくすべてを自動化する」という考えに固執してしまうと、ムダな投資を行ったり、オール・オア・ナッシングの考えになってしまい、本来自動化できる工程も、自動化しないままになってしまうおそれがあります。そのような過ちに陥らないためにも、機械で自動化できないところは人に作業を任せる、つまり〝人と機械のハイブリッド〟も自動化の有効な選択肢として是非、前向きに検討してみてください。

次に紹介するのは、そうしたハイブリッド型の自動化を成功させたケースです。この工場が導入したのは、ホースにコネクタを取り付ける自動組み付け機です。

これは、コネクタの供給とホースにコネクタを組み付ける工程は機械が行いますが、ホースを機械にセットする一番はじめの工程は作業者によって行われます。

そもそも、ホースのように形状を安定させにくい素材は機械でスムーズに取り扱うのが難しく、組み付けの全工程を自動化するのは不可能ではありませんが、実現しようとすればコストが大変にかさみます。この組み付け機を依頼してきた工場では、リールに巻かれている状態からホースを切り出して、手作業でコネクタを取り付けていました。切り出したばかりのホースには湾曲グセがついています。機械にホースをセットするためにそれをまっすぐにしなければなりませんが、その作業まで自動化するには億単位の費用がかかることになります。そこで、ホースを機械にセットする工程の自動化は断念し、作業者に任せることにしたのです。

さらに見積もりも何度か見直した末に、機械購入費、機械加工費などを最終的には以下のような形にまとめることができました（若干の修正を加えていますが限りなく実際の費用の額に近い数字です）。

	（見直し前）	（見直し後）
①機械購入費	1281万円	→1130万円
②機械加工費	811万円	→780万円
③電装関係購入費	170万円	（変わらず）
④電装ボックス製作費	82万円	→68万円
⑤組み付け調整費	240万円	（変わらず）
⑥現地搬入据付調整費	127万円	→77万円
⑦機械設計費	330万円	→310万円
⑧電気設計費	145万円	（変わらず）
⑨諸経費	326万円	→220万7000円

このように電装関係購入費、組み付け調整費と電気設計費を除いて、すべての項目

についてコストを削減できた結果、当初の見積もり額から合計で300万円以上も減額することに成功したのです。このコストダウンのために行った具体的な取り組みは、以下の①から⑦になります。

①設備構造を2階式に変更
②ロボット4台を、パーツハンドリング装置（高速サーボプレス）2台に変更
③助剤塗布ユニットを小皿化
④部材供給パレットをゴムホースとクリップをセットにして共用化
⑤トランスファーコンベアの長さを短縮（全長2500ミリを1436ミリに）
⑥密・キャップはめ機構をインデックステーブル仕様からスライドユニット仕様に変更
⑦良品排出の方法をパレットへの整列からシューターへ落下する形に変更

このうち、とりわけ大きなコスト削減につながったのは、②と⑤です。ロボットは通

常の機械に比べるとどうしても高額になりがちなので、予算が限られている場合には、「別の専用機などで機能を代替することはできないか」などと、あらゆる可能な選択肢を検討することが必要となります。

部分自動機だけでも人件費が3分の1に

組み付け機が導入される前は、ホースの取り付け作業は3人の作業者の手で行われていました。それが、自動化後は、切断されたホースを運んできて機械にセットするだけでよくなったために、1人の作業者で行うことができるようになりました。つまり、部分的な自動化でも、人件費を3分の1に減らすことができたわけです。

前述のように、現時点ではホースをセットすることまで機械に行わせるのは費用がかかりすぎて割に合いません。どこまで自動化できるかは、工場や扱う製品によって千差万別なので、自動機専門商社に相談し、より高い費用対効果を得られる方法を検討する必要があります。

事例3●2人分の人件費を抑え、安定供給する自動組み立てシステム【自動車部品組み立て機】

最後に取り上げるのは、自動車のAT（オートマチック・トランスミッション）内部に搭載され、走行状態に合わせてAT内の油圧を切り替える自動変速のための部品です。

この部品は自動車1台に対して数個使用するもので、相談にやって来た製造メーカーでは当時、2交代制で月産10万個の部品を製造していました。

工場では8人体制で製造していましたが、自動車の生産台数増加にともない、注文が増加し、生産が追いつかない状態になりました。そこで、新しい人員を募集したのですが、応募がありません。仕事はあるのに、人手が足りない。8人の作業者は毎日残業状態となり、大きな負担がのしかかるようになりました。

そんな状況を打破するために、工場の自動化を行い、製造工程の効率化と人件費の削減を図りたいと私の会社に相談がきたのでした。

打ち合わせを重ねていくうち、越えなければならないハードルが明確になりました。その部品を作るためには、ベースとなる部品に、ワッシャー、ボール、外観カバー、板部品の4つのパーツを自動で組み付ける必要があります。そこで、スイッチを入れるだけでベースの部品に4つのパーツを組み付け、さらにOK品だけを排出する自動機を開発しました。

ラインの工程は次のようになります。

①搬送＋パレット投入機
②受け部品投入
③受け部品・回転位置決め

④小物部品組み付け
⑤3点カシメ
⑥スプリング組み立て機
⑦検査＋梱包

自動機の導入により、これらの工程をすべて自動で賄うことで、1日あたり850個の生産が可能となりました。

これまでは8人の作業者で1日3300個を生産していました。単純に1人あたりで計算すると412・5個となるので、この自動機1台あたりで約2人分の作業を賄うことができるようになります。

今回の自動化に対して、メーカーが提示していた予算は2000万円です。この予算であれば、導入できる自動機は1台。協議を重ねた結果、自動機を1台導入して8人で10人分の作業ができる体制を整えることにしました。

もし2人の作業者を新たに雇っていた場合、作業者1人あたりの年間人件費は30

0万円なので、2人分で年間600万円となります。

それに対して自動機を導入した今回のケースでは、2人分の人件費が浮くことになります。導入コストは2000万円なので、3年でほぼ2人分の人件費はペイでき、4年目からはプラスの領域に入っていきます。

しかも、機械であれば、定期的なメンテナンスさえしていれば、急な体調不良で欠勤することも、離職によって新たに人員を補充する必要もありません。

こうして部分的に自動化を果たしたこのメーカーでは、現在2台目の自動機の導入を検討しています。このように、予算に応じて段階的に自動機を導入することで、今いる作業者に負担をかけることなく工場の自動化を実現できるのです。

複数部品組み立て機の構造

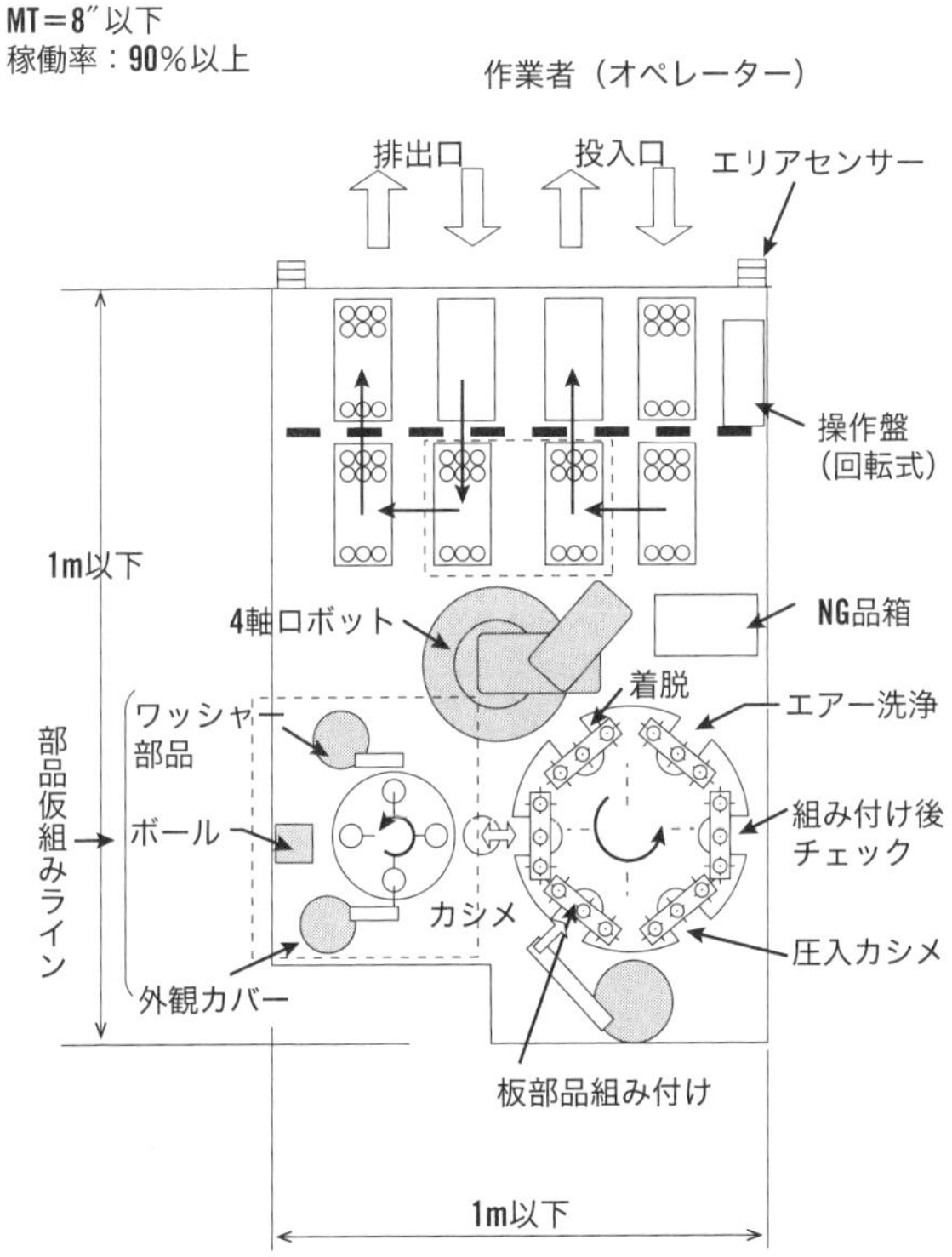

第5章

脱「熟練作業者」依存！人の主観に左右されない検査システム

「あの人にしかできない仕事」がある企業は不測の事態に対応できない

どのような業種でもそうでしょうが、仕事には、誰にでもできる単純な仕事がある一方で、経験やコツが必要だったり、特殊な技能が求められる仕事、いわば「あの人にしかできない仕事」があります。

ことに、作業者の少ない中小製造業の世界では、長年、技術を磨いてきた熟練作業者の〝職人技〟に依存する部分が大きいでしょう。「この○○は、Aさんしか上手に磨けない」「Bさんがいるから、うちは○○を鋳造できる」という工場は少なくないはずです。

しかし、生産性の効率化や品質向上を考えると、そのように特定の人しかできない仕事が存在することは必ずしも好ましいことではありません。「あの人」がいなくなってしまったら、その仕事をできる者がいなくなり、生産工程がストップしてしまう危

労働災害発生状況（製造業）

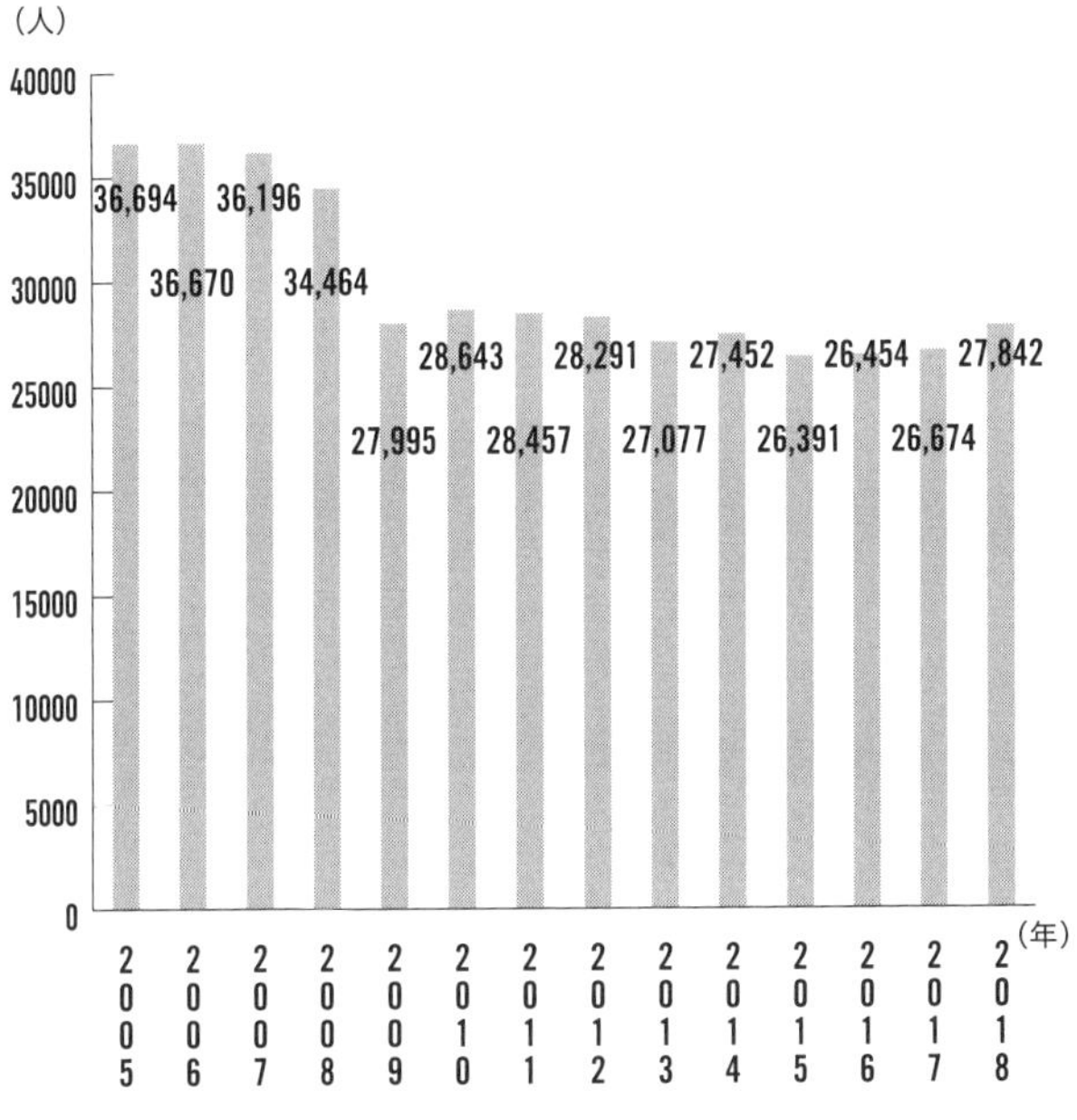

厚生労働省「平成30年労働災害発生状況の分析等」を基に作図

険があるからです。

人間である以上、病気や怪我になることは避けられません。特に工場では労働災害が起こりがちです。製造業では2008年から2018年の10年間、毎年2万5千人を超える労働災害の死傷者が出ています。いつ「あの人」が事故に巻き込まれて不在となっても不思議ではありません。

このように「あの人にしかできない仕事」がある企業は不測の事態に対応できなくなるリスクがあるのです。

作業者の主観によって左右される不良品率

もちろん、これは自動化によって熟練作業者の置き換えを図ればいいなどという考えとは本質的に異なります。実は自動機は熟練作業者のノウハウや作業を目標として、可能な限りそのレベルに肉薄することが大きな目標なのです。別の見方をするなら、熟練労働者が現役で仕事に携わっている「今」だからこそ、その社内ノウハウを自動機に移行できるのだといえます。ただし熟練作業は、機械化するレベルは難しい内容です。

たとえば、できあがった製品の欠陥などをチェックする「外観検査」も、従来、「あの人にしかできない仕事」の代表例のひとつと考えられてきたもののひとつです。外観検査の対象となる製品は多種多様であり、またチェックすべき内容も一様ではありません。ときには「あるかないかわからないような微妙な傷」「細かな色ムラ」「周辺のわずかなゆがみ」など、一目見ただけでは全く問題ないように思える製品の不具合を見つけることが求められる場合もあります。

そのような高水準のチェック能力が求められる検査業務では熟練作業者の勘や洞察力など、個々の能力に頼っている部分が小さくありませんでした。

しかし、このような「あの人頼り」の検査体制は、前述のようにその人が不在となったときのリスクがあることに加えて、「個人差が大きい＝ムラが出やすい」ということとにもつながります。主観を一般化することは難しく、検査する人によって検品の結果、つまり不良品率が左右されることになるわけです。

では、この検品の工程を自動化できたらどうでしょうか——特別なスキルがない人でも機械のオペレーターとして働けるので、作業を効率よく進められるうえに、人件費の削減も期待できるでしょう。

かつての外観検査機速度が遅く、使いものにならなかった

もっとも、これまでは外観検査を自動化することは困難と考えられてきました。外観検査を機械で行うためには、すなわち画像検査装置を製作するためには後述するカメラ・レンズ、照明、ソフトウエア、プロセッサーが必要になります。

このうち、ソフトウエアはプロセッサーで動かすことになりますが、従来の画像プ

ロセッサーはメモリ容量も小さく処理速度も遅く、画像を取り扱うのには大変な時間がかかるので使いものになりませんでした。

少し前の高性能プロセッサーは莫大な導入コストがかかるうえ、製造の現場では大きすぎたり、操作も非常に複雑で使いにくいため不向きでした。そのため、自動化の導入を検討しても「結局、人を使った方が安くすむ」という結論になりがちでした。

また、カメラに関しても、デジタルカメラの画素数が数十万画素で当たり前だった時代には、1000万画素を超える解像度が要求される検査は難しく、できることはどうしても限られていました。

カメラ、処理スピードの性能向上で低価格高品質が実現した自動検査機

しかし、現在、テクノロジーの急速な発展によって自動検査機は大きな進化を遂げています。その結果、処理スピードの性能が向上した高品質の画像検査装置を、低価格で手に入れられるようになっているのです。たとえば、それほど複雑ではない検査であれば、100万円以下の費用で自動化することも可能です。

こうした高性能の自動検査機を導入することにより、中小製造業者には以下のような様々なメリットがもたらされることになるはずです。

第一は、「作業効率・生産性の向上」です。

手作業による検査作業と比べ、機械化・自動化された検査作業はスピィーディーで正確ですので、より多くのワークを高い精度で処理できます。自動機を導入すれば単純な作業でのポカミスをなくすだけでなく、複数の検査を同時に行うことができるの

で、作業効率も生産性も大幅に向上します。

第二は、「人件費削減・コストカット」の効果です。検査の工程を機械化・自動化することで作業者がつきっきりでいる必要がなくなり、他の作業を行うことが可能になります。また、作業者が変わるごとに行う教育の手間も省けます。

第三は、「品質の向上・安定・管理が可能」です。作業を機械化することで、高い精度での検査が可能になります。また人による検査品質のバラつきもなくなります。画像の保存（トレーサビリティーシステムなど）を実施することで、品質の管理も実現できます。

このように自動検査機は、検品作業を抜本的に変化させ、中小製造業者に大きな利益をもたらす可能性を秘めているのです。

自動化が可能な画像検査の種類

では、検査の自動化をどのように行うのか、機械を利用した画像検査の概要について解説していきましょう。まず、自動化が可能な検査としては以下のようなものが挙げられます。

【検査】

①傷検査
梱包フィルムの異物判定、鉄板の傷判定、切削部品の傷判定

②表面状態検査
樹脂製品や塗装の表面状態を見る

③形状判別
刃物の形状特徴量

④位置・角度判別
位置の違い、角度の違い、パッキンの有無・変形・表裏判別、ワークの角度合わせ、実装基板高精度位置決めアライメント

【計測】
⑤寸法測定
長さ・直径・R形・角度測定、ダイヤルの位置確認、台形ワークの角度測定、フランジワークの厚さ測定、ワイヤーハーネス長さ計測
⑥欠品検査
小型基板のはんだ状態、ブリッジなどの検出
⑦認識検査
QRコード読取、文字読取・認識、ネジ有/無、ラベルの位置・傾きなど、ロットナンバーの文字認識と数量計測
このように、現在、工場で人が行っている検査の多くを機械に行わせることができ

るのです。また、カメラだけでなくレーザーなどによる3D画像検査などの自動化も普及しつつあります。

画像検査装置を構成する目・頭・手足

画像検査装置を作業者に見立てると、目がカメラ・レンズ・照明、頭（脳）がソフトウエア・プロセッサー、手足がワークを掴んだり回転させたりする装置となります。画像メーカーは目や頭の部分の提案はできるのですが、それに適した手足を組み合わせた提案は、機械メーカーの分野になるため、両者を合わせた提案ができないことが一般的です。しかし実は目や脳の部分があっても、手足がなければ実際の現場では機能しない場合が多いのです。このハードルを越えることができないために自動化を断念したという経営者も多いはずです。

その点、画像検査装置の仕組みや役割を正しく把握し、豊富な知識を持っている自動機専門商社であれば、数あるメーカーの機械を組み合わせることで、手足も含めたトータルプロデュースをすることができます。

画像検査装置とは具体的にどんな装置が組み合わされていて、どんな役割を果たしているのかについて詳しく見ていきます。

(1) カメラ・レンズ

カメラとレンズは人間の目に該当し、画素数と焦点距離によって視野や解像度を決める役割を担っています。大きなワークを検査する場合は大きな画素数のカメラを用い、細かいNG（問題点）を検出する際は、高倍率のレンズと組み合わせるのが基本的なポイントになります。

また、一般的な外観検査ではエリアカメラを用いますが、シート状のワーク、大きな円筒状のワークの表面は面積が大きいので、ラインセンサーカメラを主に用います。

エリアカメラは30万～2100万画素と様々な画素数のものが存在し、検出したい

NGの大きさやワークの大きさによって適切なものを選択します。いずれについても、モノクロカメラとカラーカメラがあります。

レンズについても、以下のように様々な用途・倍率・焦点距離のものが存在します。

①テレセントリックレンズ
レンズの主光線がレンズの光軸に対し、平行である特徴を持つ。カメラ視野の端でもゆがみが少なく、高精度の計測に適する。

〈長所〉視野の中心と周辺で見え方が変化せず、精度が高い。

〈短所〉レンズが大きい。高価である。

②マクロレンズ
近接撮影用のレンズ。

〈長所〉小型・軽量で耐震性が大きい。

〈短所〉一定のワーキングディスタンス（対象物に焦点が合っている際のレンズの先端から対象物までの距離）でしかピントが合わない。視野範囲が限定される。

③CCTVレンズ
無限遠まで撮影でき、フォーカス調節や絞りの調節ができる最も一般的なレンズ。

〈長所〉視野・ワーキングディスタンスが自由に変えられる。低コストで大きな視野に適する。

〈短所〉視野周辺のゆがみが大きい。寸法計測には不向き。

④ラインセンサー用レンズ
ラインセンサーカメラ用のレンズ。

〈長所〉周辺光量差が小さく長作動距離。

〈短所〉サイズが大きく重量が重くなりやすい。

外観検査に使用するカメラ・レンズ

小型のCCTVカメラ

小型の
CCTVレンズ

このようにそれぞれのレンズについて一長一短があることは十分に理解しておく必要があるでしょう。ちなみに、傷などの外観検査には一般的なレンズであるＣＣＴＶレンズを、高精度の寸法計測にはゆがみの少ないテレセントリックレンズを用います。

(2) 照明

照明は画像検査の要といえる存在です。大きさ・形状・光の波長などがそれぞれ異なり、現在数万種類のタイプが存在します。ＮＧの種類や、ワークのどの部分の何を計測するかによって、それぞれ最適な照明を選択する必要があります。検査で用いる主な照明としては以下のようなものが挙げられます。

①リング照明

ワーク全体にほぼ均一に光を照射できる。ただし、金属などの反射率の高いワークに対しては、光が反射してしまい、検査ができなくなることがある。ワークに近づけて照射すれば、エッジのバリや欠けの検査もできる万能な照明。

照明の位置はどの部分を検査するかによって決める

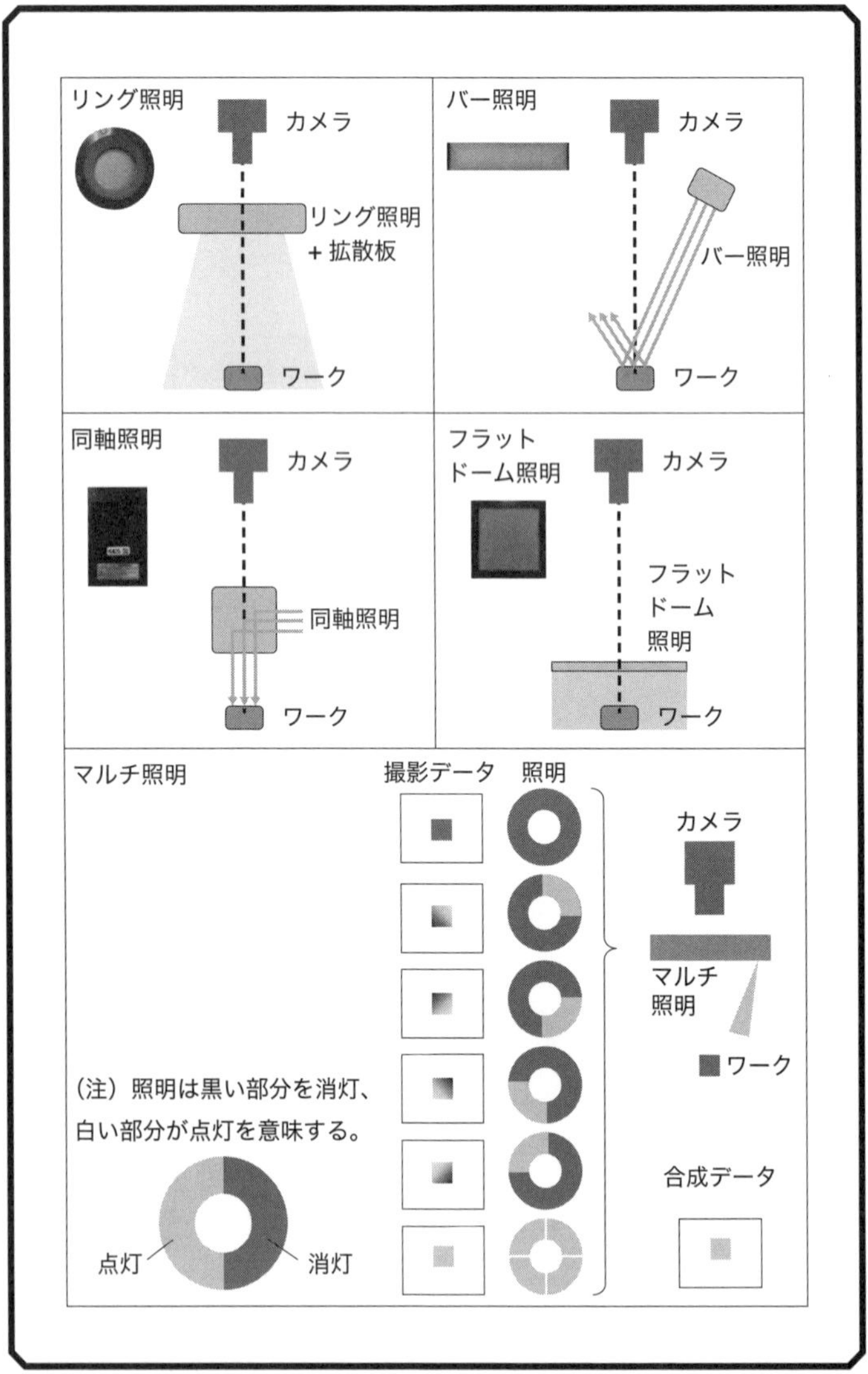

②バー照明

傷や打痕など表面の変化に対して用いる照明。照射角度を変えることで、様々なNG検出に対応できる。また、拡散板などの付属品と、複数のバー照明を同時に照射することで、均一な光を照射することもできる。

③同軸照明

鏡面や反射率の高いワーク表面を均一に照射できる。金属表面の傷、打痕、また文字の撮像に適する照明。

④フラットドーム照明

ワークに対して均一な光を照射できる。反射率の高い金属ワークの曲面でも光の反射が少なく検査ができる。表面のメッキムラや黒点検出など検査に適する照明。

照明によるワークの見え方の違い

リング照明

バー照明

同軸照明

フラットドーム照明

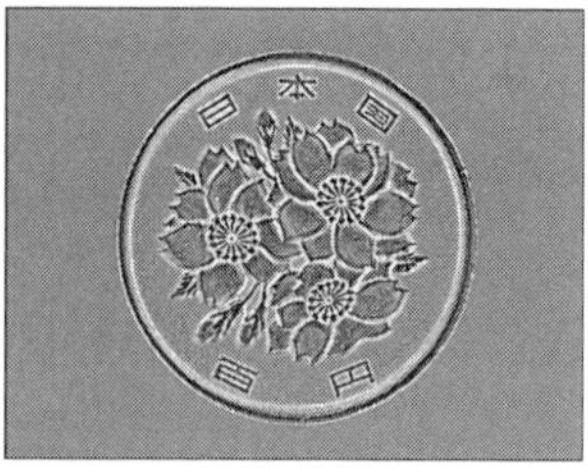

マルチ照明（表）

マルチ照明（裏）

⑤マルチ照明

拡散照射のリング照明を8点灯、もしくは4点灯に分割した照明ユニットごとに1画像を撮影（分割撮影）。撮影後に分割された画像の合成データを作成することで、1点灯では困難なハレーション除去や凹凸の抽出などを可能とする技術。外観検査や欠陥検査、印字検査など各種用途に対応できるのが特徴。

これらの照明を利用して撮影した中から、最適な照明条件のものを選択することで、安定した計測やNG検出を行うことが可能になります。

⑶ソフトウエア・プロセッサー

人間の頭（脳）にあたるソフトウエア・プロセッサーは、大きく計測と外観検査の2つに分けて考えられます。私の会社を例にすれば、計測ソフトは、エッジのありなしなどを判断するタイプのものを用い、外観検査では登録したOK品画像と検査画像の比較を行うソフトを主に使用しています。

なお、ソフトウエアによって、できることとできないことに顕著な特徴が見られま

ソフトウエアの役割

計測ソフトウエア起動画面例：円の直径計測（㎜）

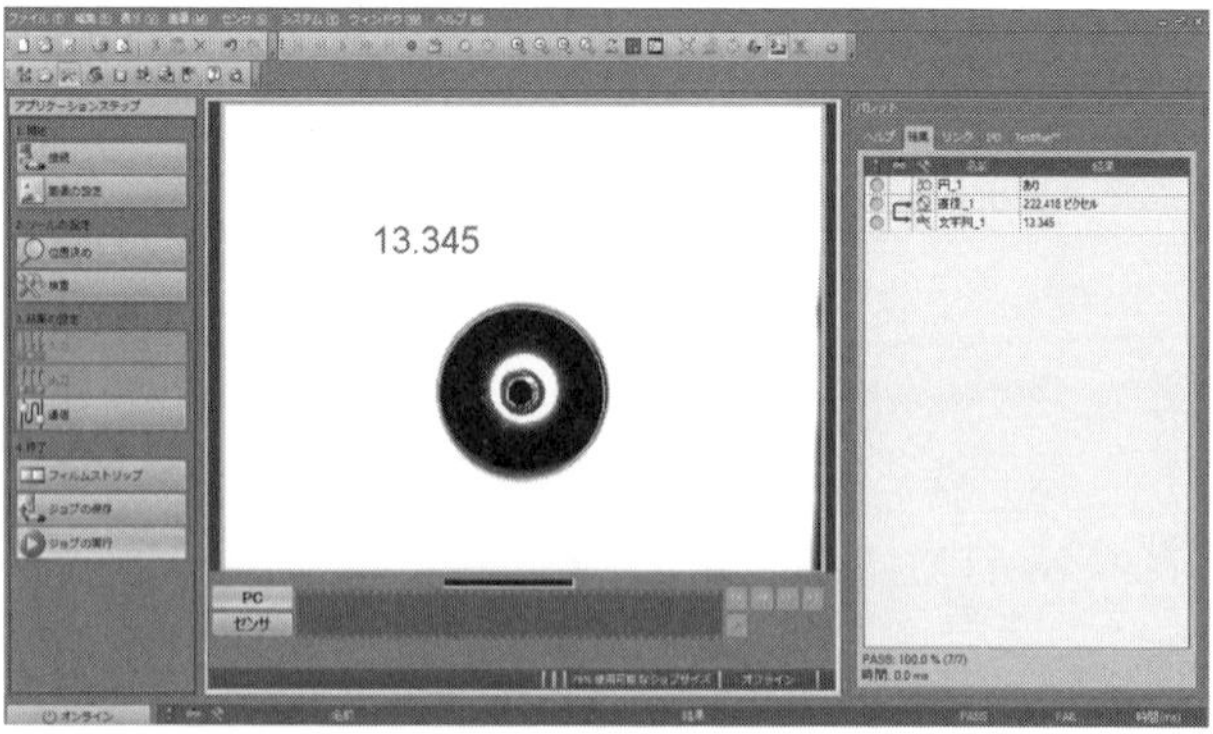

外観検査ソフトウエア起動画面例：金属キャップのOK画像登録

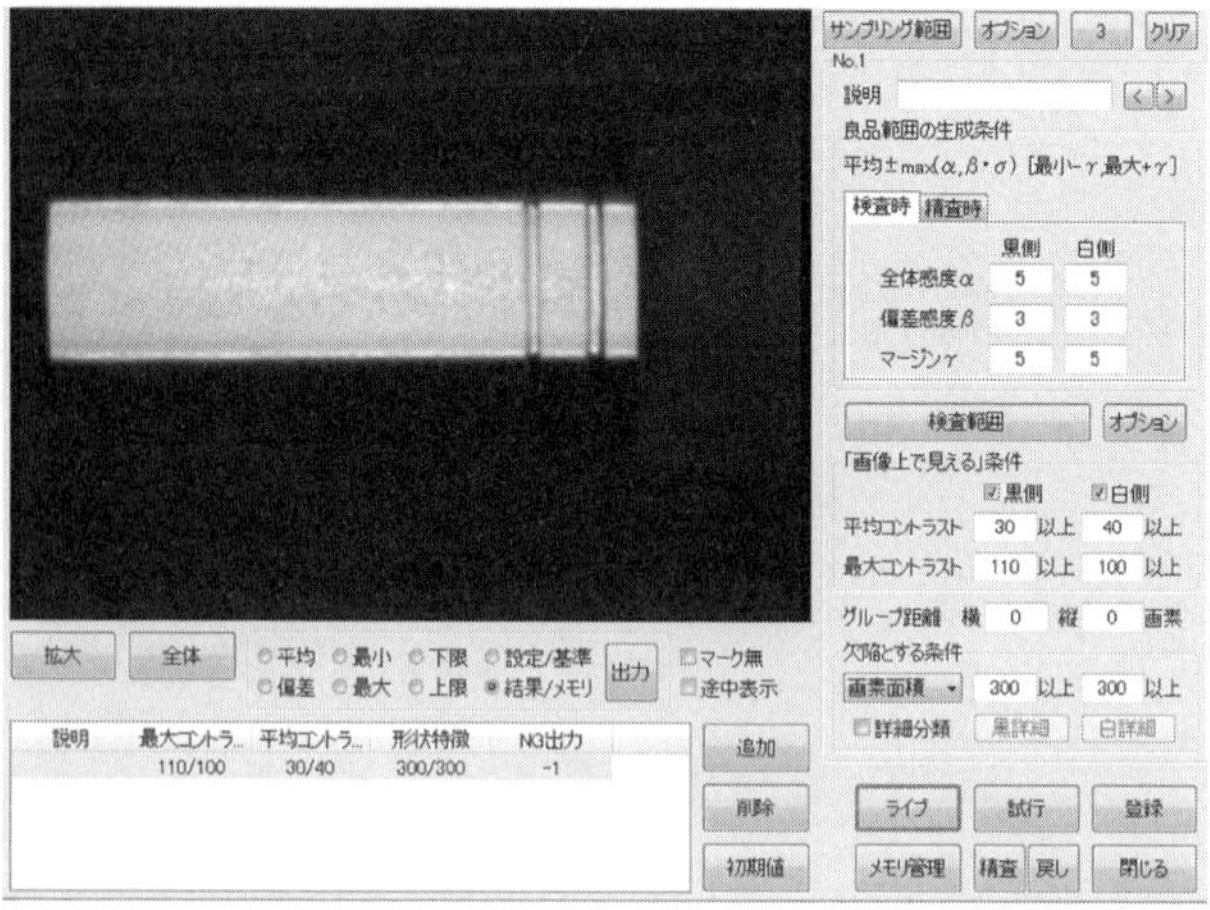

す。たとえば、G社の計測ソフトは寸法計測・異物のカウント・文字読み取り・QRコード読み取りに特化しており、比較的安価ですが、「ランダムな色ムラがあると異物の検出ができない」「自分でソフトウエア仕様の変更をすることが難しい」などの短所があります。一方、H社の外観検査ソフトは、OK品画像を登録し、得られた平均画像と検査画像を比較して検査を行う仕組みになっており、ほぼすべての外観検査に対応できますが、OK品の検査箇所に色や寸法のバラつきがあると精度の高い検査ができなくなります。

検査装置を開発する際には、こうした、個々のソフトウエアの特徴を十分に把握したうえで、顧客の要望に応えられるソフトウエアを選定、設定することが重要なポイントとなります。

設計の前に行う綿密なサンプルテスト

以上に説明したようなカメラ・レンズ、照明、ソフトウエアの組み合わせによって検査装置を作るわけですが、装置の開発にあたっては、まずサンプルテストを行います。その手順は、以下のような流れになります。

①ワークに合わせてカメラ・レンズを選定する
②照明を選定する
③判定ソフトを選定する
④ワーク位置を決定する
⑤実際に照明を設定し、テスト撮影を行う

実際にはこの他にも様々な工程が全部で14あり、試行錯誤しながら精度を高めていきます。このようなテストに成功してはじめて、装置の設計に着手することになるわけです。サンプルテストに時間と手間がかかれば、装置の開発が遅れることになるので、どれだけスムーズに、正確にそれを行えるかが、自動化を依頼する場合の業者選びのポイントのひとつとなるでしょう。

事例4●樹脂製品の外観検査で不良を発見し分別する【バリ等不良検査装置】

はじめに取り上げるのは、検知センサーの完成品（樹脂製）の外観検査装置です。月産25万個規模の出荷前検査となります。

実際の検査項目と良品とされる基準をまとめます。

異物練り込み　0・5㎜以下　2個まで

気泡不良　なし
欠け不良　なし
傷不良　なし
バリ不良　0・5㎜×0・2㎜未満

この検査装置を中心とした自動機全体の設備仕様は、製品供給・切出し部、画像検査部、そして良品・不良品をより分けて排出する排出部の3部分からなります。供給・切出し部では、パーツフィーダーからワーク切出し、検査テーブルへワークセットし、その後照明ユニットへ前進させます。搬送能力15個／分以上、機能停止せずに投入できる数量は1回に付き500個以上、架台と画像検査部が切り分けられていることなどが求められます。

画像検査部では、ワーク表面を360度回転させながら検査し、完了後照明ユニットが後退します。続いてワーク裏面をロボでチャック、360度回転させながら検査します。使用する500万画素の超深度カメラ2台は前後、左右、上下、角度の指定が容易で、+−50㎜以上の調整幅で位置決め再現性が必要です。

次の排出部では検査終了後のワークをロボがOK、NG箱へ投入します。良品が任意の数量でカウントできることに加え、NG品は項目ごとにカウントでき、同一項目で連続してNGが発生した場合に異常停止するようになっています。

実際にこの自動機で月間25万個の検査を行う場合のコスト面での効果をシミュレートすると、次のような結果となります。

まず、人による検査です。この場合は、疲労による時間的な作業遅延を0・9として計算します。

1時間に検査できる数量：6個／1分×60分×0・9＝324個
(※　検査にかかる時間は1個10秒と仮定)
1日の検査数量：稼働8時間として、324個×8時間＝2592個
1カ月の検査数量：平均実働22日として、2592個×22日＝5万7024個
月間検査数25万個を実施するためには、25万個÷5万7024個＝4・4人、つまり5人の労働を必要とします。これに1人あたり23万3100円（平均賃金）の給与を支払うと年間ではおよそ300万円。つまり、1年でおよそ1500万円／年が人

件費となります。

一方、この検査装置の導入コストはおよそ1800万円です。設備機の立ち合いに2名の人員が必要としても、年間およそ900万円（3人分の人件費）の削減が可能。結果的にわずか2年で導入コストを償却できるのです。

事例5●施した塗装の表面不良による樹脂製品の欠陥検査【塗装不良・外観自動機】

自動車部品製造業での塗装を施した樹脂製品の塗装ムラ・未塗装などの不良をチェックし、良品を箱詰め工程へと分類する半自動検査機です。

円形と四角形の部分を組み合わせた部品に塗装を施す過程で生じる傷や塗装不良などが許容範囲内に収まっているか否かを検査します。具体的な全体のワークの流れを説明します。恒温槽での洗浄に続き、ヒーターによる乾燥から塗装工程、恒温槽での乾燥を経て検査過程へ進みます。検査は、4096画素ラインカメラ2台によるワーク外周部の外観検査と48万画素エリアカメラによる塗装の入り込みを評価するもの。

使用機材は、コントローラとカメラ入力ユニット各1、カメラ、レンズ、カメラ用4軸微調整治具、カメラケーブル、照明、照明ケーブル各2に加えて、照明アンプ、モニタ、モニタケーブル、USBコンソールと専用エンコーダー、専用データベースソフトウエアなどです。

カメラ1でラインカメラ正反射、カメラ2でラインカメラ拡散反射、カメラ3はエリアカメラに設置して検出を行います。

ワークに想定される欠陥内容は、横傷、縦傷、打痕、塗装の薄さ、線傷の集まり、溶接部汚れ、塗装入り込み、未塗装などとなります。それぞれの状況によって良不良の判断基準がわかれます。

実際の評価結果は、サンプルで確認できます。この工程を担当するのは、判定結果で良品となったワークを箱詰めし、シューターへと流す1名だけとなります。

次に導入によるコスト変化をシミュレートします。

人による検査で、疲労による時間的な作業遅延を0・9として計算します。
1時間に検査できる数量：15個／1分×60分×0・9＝810個
1日の検査数量：稼働8時間として、810個×8時間＝6480個
このラインの能力は20個／1分ですから、これを人力のみでクリアすると1日の検査数は
8640個＝20個／1分×60分×8時間×0・9
となり、8640÷6480＝1・3＝2名の人員が必要ということがわかります。
1人あたり23万3100円（平均賃金）の給与をもとにした人件費は、2名分で560万円／年。一方、この検査装置の導入コストはおよそ1120万円となりますから、約2年で導入コストを償却することができるのです。

事例6●不良品を出せない製品の計測とリスクヘッジに対応【工業用カメラネジ検査装置】

この装置は特殊な工業用カメラネジのネジ頭の山径・谷径、ネジピッチの寸法をチェックするものです。

ネジのサイズは頭の大きさは5ミリ、側面の長さは約20ミリです。もともとの検査方法は実際にネジにドライバーを入れて、きちんとネジがはまるかどうか、人の手作業で不具合を確認していたのですが、不良品に関するデータを数値化して管理したいという依頼がありました。レンズを固定する特殊ネジのため、ネジの精度がカメラの解像度に影響する重要な部分です。人による検査の精度は高かったのですが、主観に頼る検査のため、もし何らかの不具合があった場合、製品出荷後に起きたことであっても、検査の漏れがあったのではないかと責任を問われるリスクもはらんでいました。

そこでネジのデータを数値化し、検査結果も数値で明確化してリスクに備えたいという要望でした。
検査装置を開発する前には、検査対象となるワークに関してテストを行います。この装置に関しては、2度のテストが行われました。

まず1回目のテストは、サンプルとして渡された4種類のネジの特徴を画像検査によって特定するという内容でした。つまりは、私の会社の検査の実力を試そうと、顧客が課題を出してきたわけです。
テストを行ったところ、以下のような4種類のネジのすべての特徴を的確に捉えることに成功しました。
サンプル1　計測値の標準誤差が大きく、頭がゆがんだネジ
サンプル2　ネジ山径基準値－約10㎛、谷径基準値＋27㎛の他のサンプルより小さめのネジ
サンプル3　ネジ山径基準値＋約8㎛、谷径基準値＋57㎛の他のサンプルより大きめのネジ

カメラネジ検査装置

サンプル4　ネジ山径ほぼ基準値と同じ。ネジ谷径基準値＋約55㎛の標準的なネジ

被写界深度が0・07ミリメートルと小さかったため、山径・谷径のエッジ部分がぼやけてしまうなどの課題は残りましたが、〝合格〟の評価を得て、次のテストに挑むことになりました。

2回目のテストでは、以下のようなサンプル2のネジとサンプル4ネジが渡されました。テストの目的は、ネジ頭の山径・谷径を計測するために最適な撮影方法を見つけることにありました。

・サンプル2　全体的に形状が小さいネジ
・サンプル4　OK品のネジ

特に光沢がある製品や微細な製品の計測をする際には、照明に留意します。カメラで捉えて計測するため、均一に光があたらないと、影が生じて正しい計測ができませ

カメラ・照明簡易外観図

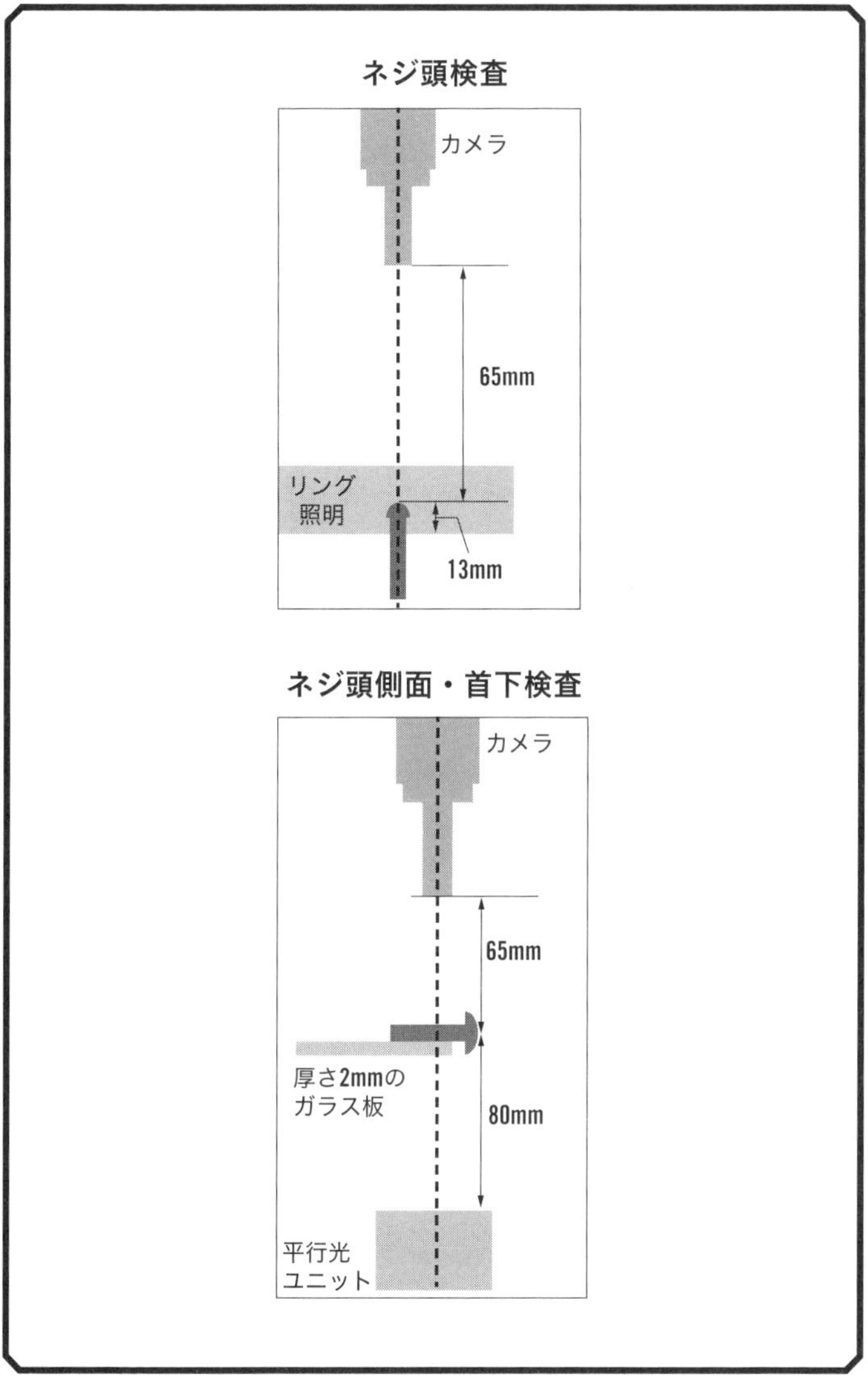
ネジ頭検査
カメラ
65mm
リング
照明
13mm
ネジ頭側面・首下検査
カメラ
65mm
厚さ2mmの
ガラス板
80mm
平行光
ユニット

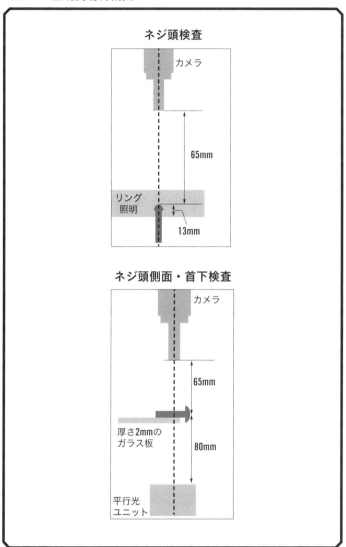

ん。このケースでも一定の方向からの照明では影が出るため、リング照明とスポット照明を組み合わせて使うことにしました。

ネジ頭部分の底に焦点をあて谷径を計測したところ、両者とも図面値と限りなく近い値を計測しました。このことから、リング照明のみで頭部分の計測は十分であることがわかりました。

一方、図面にしたがってテーパー（勾配）処理の末端に焦点をあてて計測すると図面値プラス80㎛の谷径を計測しました。

この計測値から、図面のテーパー谷径部分から底谷径部分まで約40㎛のテーパーがかかっており、図面の形状とは異なっていることが判明しました。つまり、実際に作っていたネジは図面どおりではなく、クライアントが今まで知りえなかった不備が画像検査機ではじめて確認されました。

2度のテストを経た後、装置は製品化されました。

かかった費用はカメラとソフトウエア、照明の組み合わせで約250万円で、手足となるメカ・機構部分は含まれていません。前述のように発注者は、不良品のデータを数値化し、管理することを目的としていたので、客観的な数字を得られることにより、製造工程の改善ポイントをより的確に把握できるようになります。その結果、不良品の発生率を大きく下げる効果と、当初ねらった通り不良品の流出防止に大きく寄与しました。

事例7●判別が難しい黒点の微細傷製品検査【ワッシャー検査装置】

自動車の部品として使われるワッシャーの問題点をチェックする装置の事例です。ソフトウエアを通して、①ワッシャーの打痕、②ワッシャー表面の薄い傷、③ワッシャー表面の黒点を確認することが可能となります。

次ページの図をもとに、①から③の詳細について説明しましょう。

まず、①ワッシャーの打痕については、エッジ部分などにできた打痕が、ＯＫワー

照明配置図と撮影したワーク

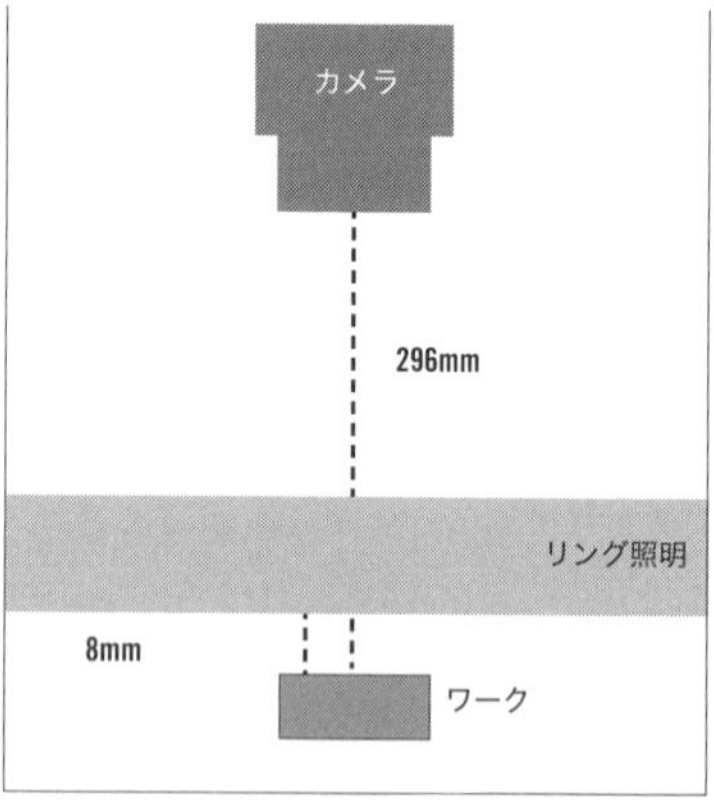

NG種類	OKワーク写真	NGワーク写真	ソフトでの見え方
ワッシャーの打痕 	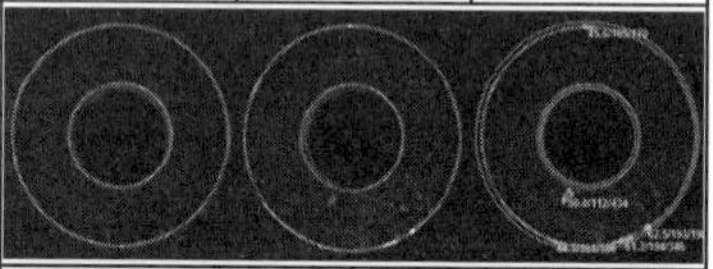		
ワッシャー表面の薄い傷 	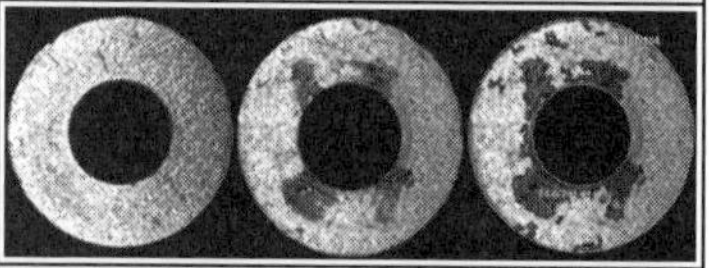		
ワッシャー表面の黒点 	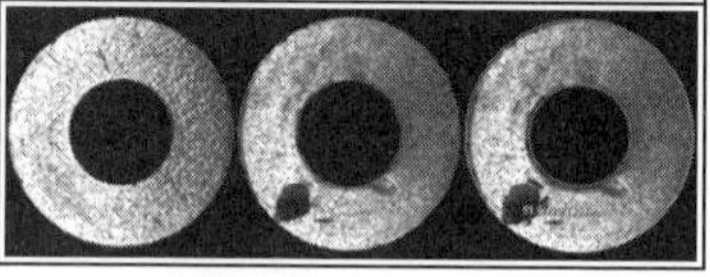		

マルチ照明でのNGワーク写真

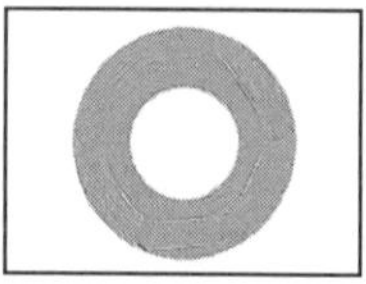

クより白く映るため、検出は可能です（ＯＫワークより白く映る部分はピンク色で表示されます）。

また、②ワッシャー表面の薄い傷については、研磨傷のような薄い傷でも、照明のあて方によってＯＫワークよりも黒く写り、検出可能になります（ＯＫワークより黒く映る部分は赤色で表示されます）。

一方、③ワッシャー表面の黒点については、周辺の金属表面に比べて、反射する光の量が少ないため、黒く映り検出可能となります。

その精度を格段に高めるのが、マルチ照明の利用です。マルチ照明により薄い傷や小さな突起などが作り出す影もはっきりと認識できるようになります。

この装置の開発を依頼してきた会社では、これまでワッシャーの検査はすべて外注しており、そのために年間で７００万円ほど支払っていました。それだけの外注費の負担が装置の導入によって一挙になくなったのです。装置の導入コストは８００万円程度でしたので、初期投資コストは2年目で回収できました。

事例8●判別しにくいつや消し黒点の表面検査【ミラーカバー検査装置】

自動車のバックミラーのカバー表面の黒点をチェックする装置です。開発前のテスト段階では、照明のあて方に苦心しました。

まず、リング照明を試したところ、曲面の頂点部分が全反射し、薄い異物を特定できなくなりました。

次にバー照明を試しましたが思わしい結果を得られませんでした。全反射はどうにか防ぐことができたのですが、ワークが平面ではないために、光のあたらないところが発生してしまったのです。外観検査において、光はその精度を決定づけます。

さらに、フラットドーム照明でもダメでした。均一に光をあてることはできたものの、照明越しにワークを見るため、異物が不鮮明に映ってしまい、薄い傷などを見分けることができなかったのです。

ワーク・照明配置図

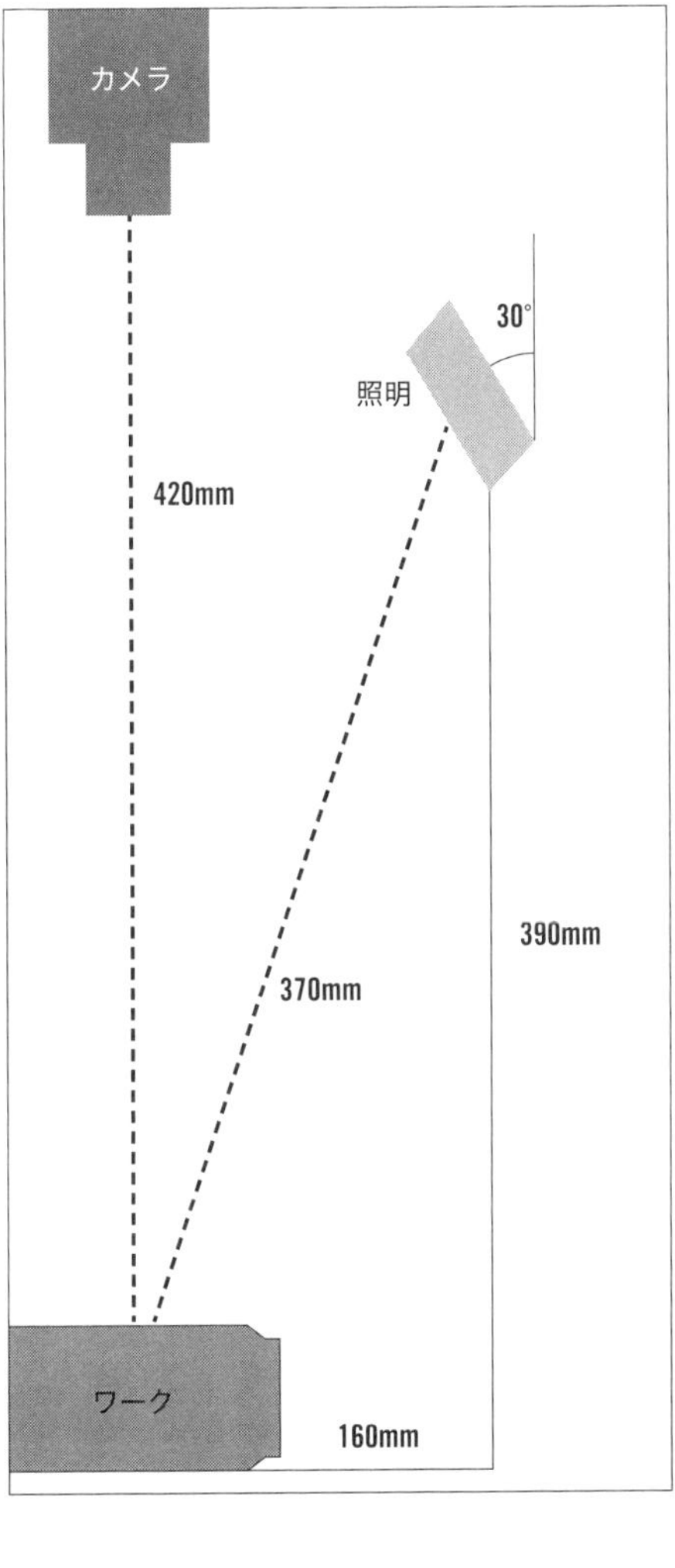

バックミラーカバー

ワーク外観

上面

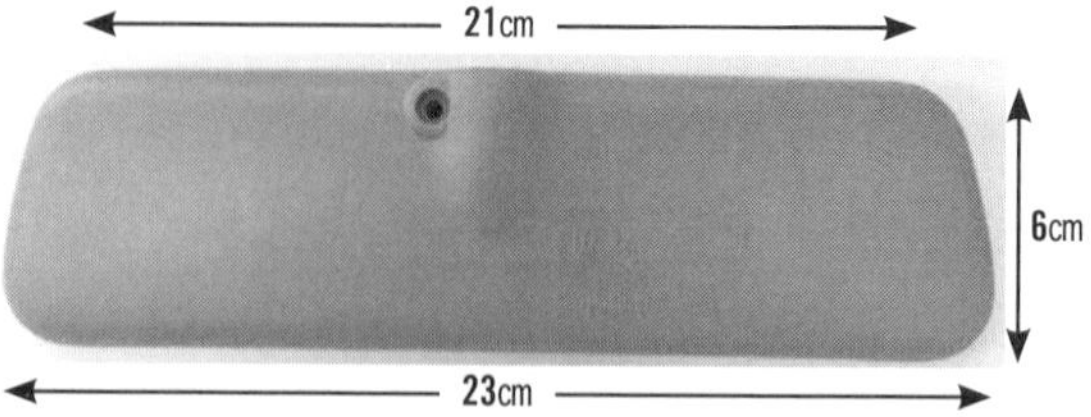

正面

背面

側面

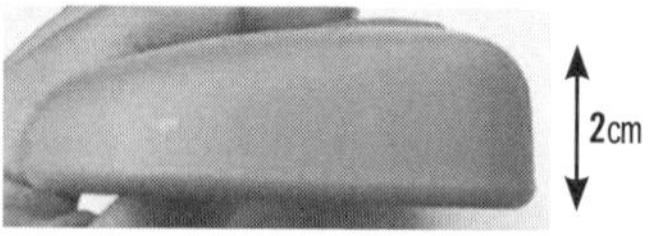

OK品とNG品の比較

OK品

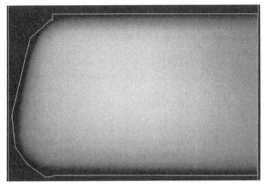

OK品のワーク上、色ムラなどほぼ無し

NG品

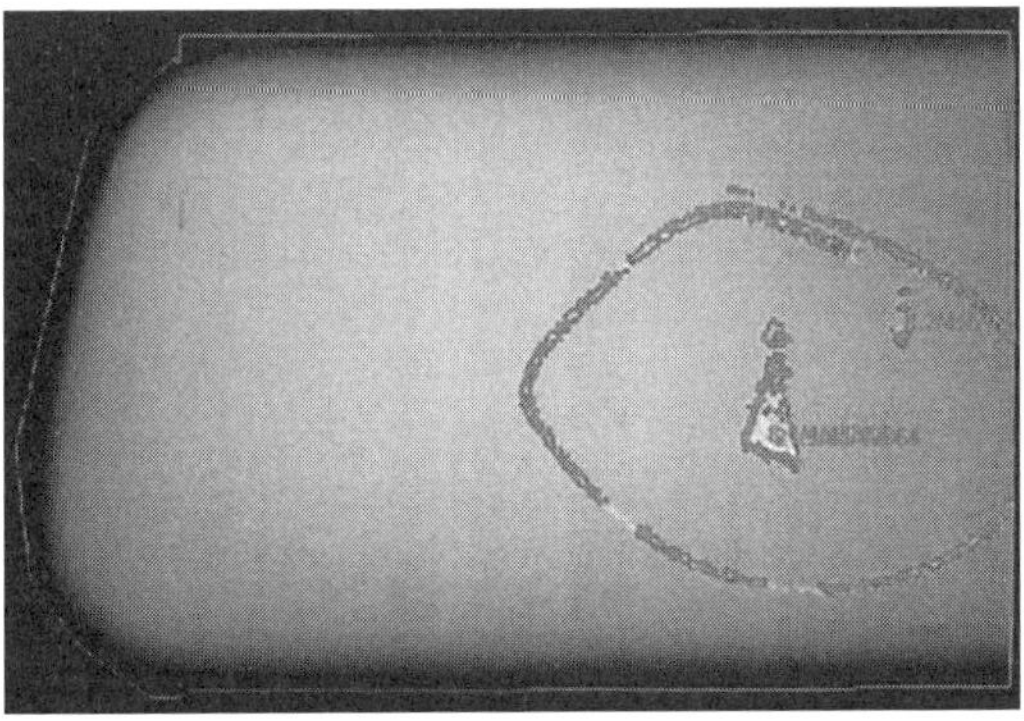

黒点と周りの円が平均画像と色が違うのでNGと判断

「表面が不明瞭に映らない照明方法はないだろうか」と思案した末に、169ページの図のようにカメラレンズに偏光フィルタを付け、さらに偏光板を用いて撮像することがベストであることがわかりました。この方法であれば、拡散光のみを取り込むことができるので、曲面部にできるテカリを無視することができ、表面のNG部分を安定して検出することができます。

このように試行錯誤の末に自動化のめどは立ったので、次は完全自動化を目指し、引き続き手足となるメカ・機構部分を開発しています。

事例9●自動部品供給で24時間稼働を実現【ネジ・小物部品検査装置】

最後に紹介するのは、大小様々なネジを検査する装置です。

私の会社に相談をしてきた企業は、あらゆる形状のネジを年間10億本近く製造するメーカーです。ネジの検査といえば、これまではネジの頭を固定し、吊り下げて検査するインデックス方式や、ネジ部分をはさんで搬送しながら検査するワイヤー方式が主流でした。

しかし、これらはどちらもネジの頭部が形成されていることが前提になっています。ゆえに、頭部がないホーローセットや寸切りボルトといった形状のネジでは検査のために搬送することができないので検査が難しいとされていました。

そこで開発したのが、平面のパレットの上にネジを置き判別するロボット式画像判別検査機です。検査は次の手順で行います。

①パーツやワークを自動的に一定方向に並べ、次の生産工程に送り出す装置のパーツフィーダーで選別したワークを撮像する
②撮像したワークの位置をロボットアームが認識し、必要なワークをアームで掴む
③カメラの前までワークを運び、2台のカメラでワークを検査
④合否判定を行い、OK品とNG品をより分ける

このようにして部品をより分けることで得られるメリットはいくつもあります。まずは、ネジ頭部ありきのインデックス式、ワイヤー式の検査方式ではないため、あらゆる形状のネジ検査が可能となった点です。

また、これまで熟練作業者が一つひとつチェックをしていた部分があるのですが、様々なネジを検査する中には、1ミリ程度ととても小さなネジも含まれます。そうした小さなワークに対して、人間の目では見にくい傷や潰れなどのチェックも高い精度で行うことができます。

さらに、部品が供給不足になると、自動でパーツフィーダーが稼働し、部品供給を行うので、24時間稼働させることができるのも大きな特徴です。

このメーカーでは、自社のネジの検査とは別に他社のネジや小物部品検査業務も請け負っています。今回検査機を導入したことで、一度に複数の種類の部品を袋詰めすることができるようになりました。

ネジ・小物部品検査装置

検査工程レイアウト

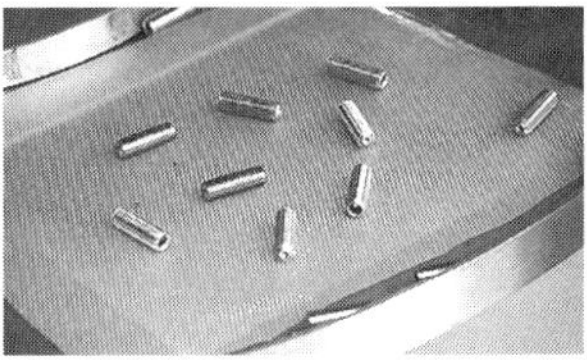

ネジ検査前、供給状態

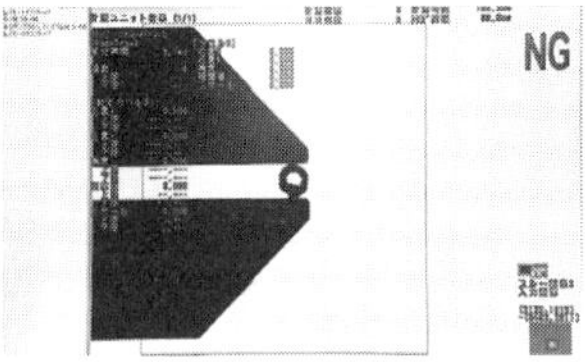

ネジ検査の結果表示
（ホーロー内径寸法チェックNG品）

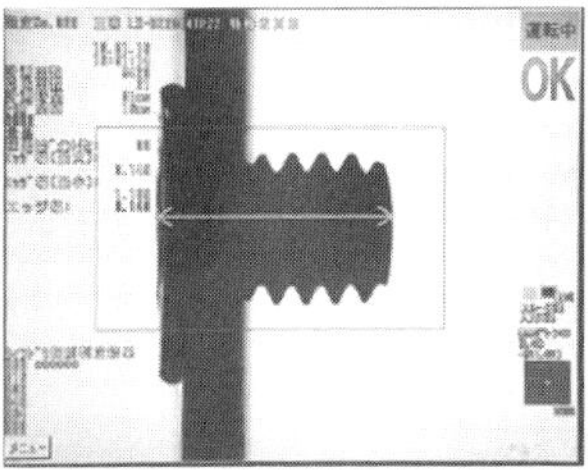

ネジ検査の結果表示
（ネジ山OK品）

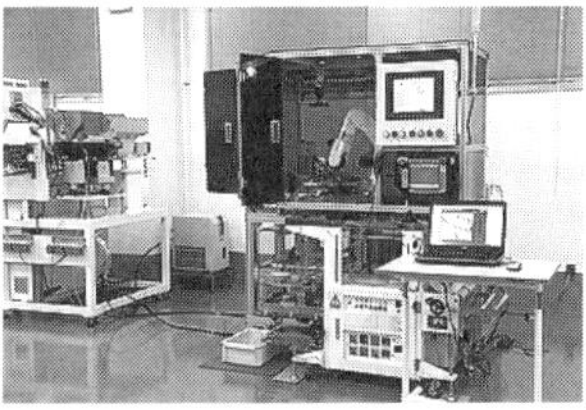

検査機全体

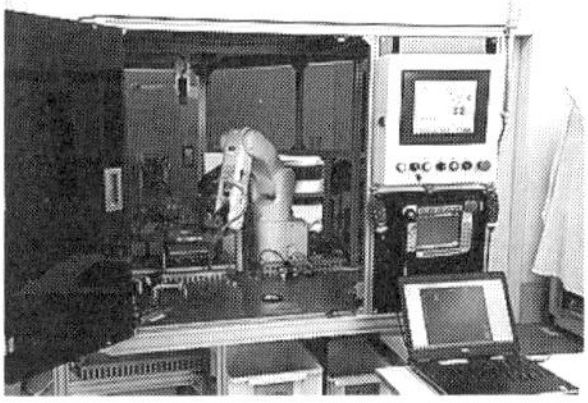

検査機の駆動部

もし、どうしても検査工程で人が足りず、設備投資もできないようであれば、このようなアウトソーシングメーカーは助け舟になります。超人材難時代を生き抜く方法として、私の会社ではこのような選択肢も提案しています。単に自動機の導入だけにとらわれず、クライアントにとって最適な方法を探る、これこそ自動機専門商社の腕の見せどころなのです。

第6章

超人材難の今こそ「自動化」へ舵を切れ

国の設備投資支援策も充実している

これからの日本のものづくりにおいて、間違いなく工場の自動化は避けられないものになります。ただし、それでも工場から人が消えることはありません。人手が不足しているときには人の代わりになる、人手が足りているときには人を助ける――自動化は、やり方しだいで最低限の人員で最大限の業績アップを実現することができるのです。

そうはいっても、先立つものは必要です。長期的に見ればメリットが多数ある工場の自動化（ファクトリー・オートメーション）ですが、そのための予算の捻出が難しい中小企業がほとんどです。これまでに説明してきたとおり、安価な検査機であれば100万円以下でも導入は可能ですが、不況のために業績が悪化し自動化のための資金がどうしても確保できない……というような状況は全国どの工場でも見られます。

そのような場合には、自動化のサポートをしてくれる自動機専門商社に率直に相談してみることをお勧めします。予算に合わせた形で、自動化の目的を十分に実現できる機械をバランスよく取り揃えることができるからです。

また、今は国からの支援も手厚くなっており、自動化に取り組む際に活用できる補助金もいくつか存在します。たとえば経済産業省の管轄である「ロボット導入実証事業」補助金は、生産工程などの自動化・省力化のための機械・ロボットの導入にかかる費用の一部を補助することを目的としたものです。補助対象となる事業は、①ロボット導入実証事業と、②ロボット導入FS事業になります。それぞれの中身や対象経費、補助率、補助上限額は下記のような形となっています。

①ロボット導入実証事業

ものづくり分野などの事業者を対象に、先端的なロボット活用による自動化・省力化に資する設備投資にかかる費用の一部を補助。対象経費は設備費、労務費、外注費。

補助率は大企業が2分の1以内、中小企業が3分の2以内。補助上限額は3000万円。

②ロボット導入FS（実現可能性調査）事業

ロボット導入に伴う費用対効果の算出などにかかる費用の一部を補助。対象経費は労務費、外注費。補助率は大企業が2分の1以内、中小企業が3分の2以内。補助上限額は500万円。

ちなみに、経済産業省がまとめた「ロボット導入実証事業」補助金の案内文の中では、補助金を活用して自動化を実現した例として、静岡県の手込め鋳物工場が導入した砂込め作業用自動機が取り上げられ、以下のように紹介されています。

「鋳物工場はいわゆる3K（きつい、きたない、きけん）職場と呼ばれており、砂ミキサーから吐出される砂投入時に巻き起こる粉塵や突き固め時にかかる重作業により人材の育成や定着が難しく、慢性的な人手不足であった。当初はあらゆるものをロボットで造型することを目標としていたが、金枠の高さと必要な砂量との関係や砂投入動作に対して個々の製品ごとに条件が違う部分があるため、複数の自動機を組み合わせた」

この砂込め作業の自動機はそれまで2人でやっていた、型に入れた砂を混ぜたり、締め固めたり、ならしたりする作業を自動で行います。この機械の導入により、人員は1人いればよくなり、労働生産性は2・5倍になりました。

この例が示すように、中小製造業の工場でごく一般的に行われている工程であれば、製造しているものがどのようなものであれ、ロボットを用いて自動化をする際に補助金の対象となります。ロボットを組み立ての自動化などで利用する場合、前述のように費用は高額になりがちなので、その支援を受けられる本補助金は、資金力の乏しい中小企業にとっては大変ありがたい制度といえるでしょう。

また、自動化のために利用できる補助金制度としては、「ものづくり・商業・サービス新展開支援補助金」も挙げられます。

同制度は、中小企業・小規模事業者が、自らの生産性向上のために行う、革新的なサービス・試作品の開発、生産プロセスの改善に必要な設備投資などの経費の一部を補助するものであり、⑴革新的サービス・ものづくり開発支援と⑵サービス・ものづくり高度生産性向上支援という2つのタイプが用意されています。さらに、⑴革新的サービス・ものづくり開発支援は、①一般型（設備投資中心の計画向け）と②小規模型（少額の設備投資または試作開発中心の計画向け）に分かれています。それぞれの対象経費、補助上限額、対象事業は以下のようになっています。

⑴革新的サービス・ものづくり開発支援

①一般型（設備投資中心の計画向け）

（対象経費）

機械装置費、技術導入費、運搬費、専門家経費

（補助上限額）
1000万円
（補助下限額）
100万円

（対象事業）
・「中小ものづくり高度化法」に基づく特定ものづくり基盤技術を活用した革新的な試作品開発・生産プロセスの改善を行い、生産性を向上させる計画であること。
・または「中小サービス事業者の生産性向上のためのガイドライン」で示された方法で行う革新的なサービスの創出・サービス提供プロセスの改善であり、3〜5年で、「付加価値額」年率3％及び「経常利益」年率1％の向上を達成できる計画であること。

②小規模型（少額の設備投資または試作開発中心の計画向け）

（対象経費）

機械装置費、原材料費、技術導入費、外注加工費、委託費、知的財産権等関連経費、運搬費、専門家経費、クラウド経費

（補助上限額）

500万円

（対象事業）

一般型と同じ

⑵サービス・ものづくり高度生産性向上支援

（対象経費）

機械装置費、技術導入費、運搬費、専門家経費、クラウド利用費

（補助上限額）

企業間データ活用型　2000万円

地域経済牽引型　1000万円

（対象事業）

革新的サービス・ものづくり開発支援に関して規定されているものと同様の革新的なサービス開発・試作品開発・プロセス改善であって、ＩｏＴなどを用いた設備投資を行い生産性を向上させ、「投資利益率」5％を達成する計画であること。

このように「ものづくり・商業・サービス新展開支援補助金」には3つのタイプがあることから、どれを選べばよいか悩むことになるかもしれません。そんなときは、まずは投資額の確認をすることからはじめます。1000万円以下の投資ならば「一般型」、それ以上の設備投資となるのであれば「高度生産性向上型」となります。また、「一般型」及び「高度生産性向上型」と、それよりさらに小さな投資額の「小規模型」では活用目的が異なります。設備投資を行うのではなく、多角的に経費を活用したいのであれば、「小規模型」となります。

なお、「ロボット導入実証事業補助金」や「ものづくり・商業・サービス新展開支援補助金」などはすでに公募を終了したものもあります。しかし、これらの補助金はさまざまな形で再登場したり、新たな形でスタートしたりしています。実際、ロボット産業の育成・発展は目下、重要な国策として推進されていますし、「ものづくり・商業・サービス新展開支援補助金」に関しては、日本商工会議所が「平成29年度中小企業・地域活性化施策に関する意見・要望」の中で継続・拡充を強く求めていることから、今後も行われる可能性は高いはずです（名称や細かな中身は変わるかもしれません）。

では、こうした助成制度を活用することによって、自動化の際にどれだけの資金を賄うことが可能となるのでしょうか。以下の具体的なケースをもとに確認してみることにしましょう。

（ケース1）

I社は、自社製品の製造工程を自動化することを計画した。組み付けの工程はロボットに行わせ、部品供給などそれ以外の工程は通常の機械に行わせる。ロボットにかかる費用は600万円、その他の機械などにかかる費用は300万円の予定。手持ちの資金が700万円しかないので、補助金の活用を考えている。

まず、ロボットを自動化のために導入するのですから、前述の「ロボット導入実証事業」補助金を利用することが可能になります。本ケースは①ロボット導入実証事業にあたるので、設備費、労務費、外注費について3分の2以内、3000万円を上限として補助金の支給を受けられます。ロボット導入のためにかかる費用は600万円であることから、最大で400万円の支給を期待できるでしょう。手持ちの資金700万円と合わせれば、予算的には自動化を十分に実現できることになります。

（ケース2）

J社は、自社製品の検品作業を自動化したいと考えている。総合商社のK社に依頼したところ、製作費200万円の見積もりを提示された。100万円は自己資金で賄うつもりだが、可能であれば残り100万円については補助金を得たいと思っている。

このケースでは、ロボットを使わずに自動化を行うことから、「ロボット導入実証事業」補助金を使うことはできません。しかし、「ものづくり・商業・サービス新展開支援補助金」は利用可能です。

前述のように同補助金は、(1)革新的サービス・ものづくり開発支援と(2)サービス・ものづくり高度生産性向上支援の2つのタイプが用意されており、前者はさらに①一般型（設備投資中心の計画向け）と②小規模型（少額の設備投資または試作開発中心の計画向け）に分かれています。では、これらの3つのうちどれを申請すればよいのでしょうか。

先に挙げた考え方を手がかりにすれば、本ケースは多角的に経費を活用することではなく設備投資を目的としていることから、「小規模型」よりも「一般型」を選ぶ方が適切であり、さらに費用が1000万円以下であることから、「サービス・ものづくり高度生産性向上支援」ではなく「一般型」の方が望ましいということになるでしょう。したがって、結論としてJ社は「一般型」を申請すればよいわけです。その結果、申請が認められれば100万円の補助金を得ることができます。

これらのケースが示すように、自動化にかかる費用は、国の補助金を使うことによって大幅に軽減することが期待できるのです。

自動化を後押しする優遇税制の存在

また、現在、自動化への投資を行った場合に税金が優遇される制度もいくつか設けられています。そうした優遇税制を活用すれば、自動化の導入コストをさらに大きく下げることが可能となるはずです。ここでは、主要なものを紹介しておきましょう。

まず、2016年税制改正によって創設された「新たな機械装置の投資に係る固定資産税の特例」は2018年には「設備投資に係る新たな固定資産税の特例」へと改正されています。

この特例は、中小企業が取得する新規の機械装置について、3年間、固定資産税を2分の1に軽減するというものです。適用期間は3年間で2020年度末までの投資が対象となります。特例の対象と内容は以下の通りになります。

（支援対象）

・中小企業者が中小企業等経営強化法の認定計画（経営力向上計画）に基づき取得する新規の機械装置（販売開始から10年以内）

※中小企業者：資本金1億円以下など、大企業の子会社除く

・生産性を高める機械装置が対象

※①1台または1基の取得価額が160万円以上で②旧モデルに比べて生産性が1％向上するもの

（特例の内容）

・固定資産税（税率1・4％）の課税標準を3年間、2分の1に軽減

たとえば、2018年中に取得した設備は、2019年1月1日時点所有の資産として2019年度から2021年度の3年間の固定資産税が軽減されることになるわけです。

なお、この優遇税制の適用を受けるためには、右に示したように中小企業等経営強化法に基づき経営力向上計画を策定することが必要となります。経営力向上計画は、人材育成、コスト管理のマネジメントの向上や設備投資など、事業者の経営力を向上させるための取り組み内容などを記載したものです。これを事業分野別の主務大臣に申請し、認定を受けなければなりません。

この中小企業投資促進税制にみられるように税制は毎年のように変わります。これらの他にも、自動化にかかわる優遇税制が今後新たに設けられる可能性はあるので、自動化の導入を検討する際には、税理士などの専門家に相談してみるとよいかもしれません。

今こそ、低リスクで自動化に踏み切る好機

自動化は、人に代わって機械が作業を行うものですが、当然のことながら、はじめは人が機械を工場に運び、そしてセッティングする作業が必要になります。しかも、ただ機械を置いてスイッチを入れれば、すぐに製造できる状態になるとは限りません。工場の環境は千差万別です。場内の温度が高かったり、逆に低かったり、また湿度などもそれぞれ異なっているでしょう。そうした環境の違いなどによって機械も影響を受けるので、微妙な調節を現場で行うことが必要となります。また、自動機はコンピューターによるコントロールを通じて複雑な動きを実現しているので、制御システムの調整も求められます。

それからよくあるのは、動作試験用のサンプルとして渡されていた部品ではうまく動作していたのに、現場に用意されていた量産用の部品ではどうしても不具合が生じ

てしまう……というケースです（試作用の部品と量産用の部品では、メッキの厚みや寸法が微妙に違うことがよくあります）。それを「どうも、ここで引っかかるね」「うーむ、止まってしまうなあ」などと機械を動かしながら、あれこれ試行錯誤を繰り返して問題点を一つひとつつぶしていきます。

このような機械の調整作業では、現場で働く作業者たちの知識や経験、とりわけ熟練作業者の知恵が欠かせません。自動化は、まさに彼らのノウハウとスキルを機械に置き換えることを目的として行うからです。何十年も現場で働いてきたベテランのアドバイスで、細かな動作上の問題が解決できたり、機械の効率性がより向上する場面をこれまで幾度となく目にしてきましたが、そのたびに、「人間あっての機械、人が人から学ぶように機械も人から学ぶのだ」と感嘆の思いを抱かずにはいられません。

これから年を追うごとに、工場の現場からは熟練作業者が減っていくことでしょう。そうして、彼らが皆いなくなってしまったら、もはやそのアドバイスを得られなくなり、機械を導入して人の技術を再現しようとしても、微妙なニュアンスを完全には実現できなくなるおそれがあります。あるいは、どうにか実現できたにしても、熟練作業者のサポートがない状態では手間や時間、余計な費用がかかることになるかもしれません。

すでに触れたことですが、自動化は熟練作業者の存在価値を損なうものではありません。

むしろ、人材不足や後継者不在の傾向が続くなか、熟練作業者の引退とともに失われてしまう可能性の大きい優れた技術やノウハウを残していくことが、本来の自動化の意味だといえます。そのこともあり、自動化は熟練作業者が元気なうちに、まだ現役で活躍しているうちに行わなければならないのです。彼らが工場にいる今こそが、低コストでよりすぐれた自動化を導入できるまたとない好機なのです。

自動化で生産性と品質を向上させる

これまで、自動化の導入といえば生産性の向上と対で語られることがほとんどでした。生産性をアップさせることが、直接的にさらなる設備投資やＩＴ投資へとつながり、より「稼ぐ企業」になることが可能と考えられてきたからです。確かにその考え方は正しいものといえます。

しかし、今日ではＩＴ導入の役割は、決して業務の効率性アップだけにとどまらないところにまで拡大してきました。それは本書でもすでに多少言及した、品質向上との兼ね合いです。

急激なグローバル化進行により、品質事故が世界マーケットでの巨大な損害へと直結しかねない状況が現実となっています。自動車部品のリコール問題などが、優良企業の命運を左右することさえあるのはよく知られている一例です。そんな中、製造品の品質へ向けられる眼はこれまでとは比べものにならないほど厳しいものとなりました。

中小製造業が担当することの多い各種部品製造にもその波は押し寄せ、発注品質を遵守するのは最低限の条件。万一の際に備えて製造過程をモニター／記憶するトレーサビリティを重視するのが急速に一般化しています。その管理のためには自動化に附属して得られるデータが欠かせないのです。ところが、これを人力による製造に組み込もうとすれば間違いなく大きな負荷となってしまいます。

さらに、大企業の中には、そもそも納入製品のトレーサビリティが得られるか否かを、発注条件の一部として採用する動きさえ出てきています。つまり、中小製造業にとって自動化は生産性向上に加え、大企業の発注先として選ばれるための重要な要素とも密接に結びつく時代が始まっているといえます。

日本の製造業がこれからの時代を生き残るためには、世界各国と同様にＭ２Ｍ、ＩｏＴやマス・カスタマイゼーションなどの最先端の製造技術を積極的に取り入れていくことが必要となります。かつてモノづくり大国として世界にその名をとどろかせた日本。その底力は日本の全製造業の99・5％を占める中小企業あってのものでした。だからこそ、やはりそんな中小製造業者が本来の力を発揮することが、技術大国・製造大国としての日本が世界へ向けて存在感を発揮していくための条件です。その前提としてまずは工程を自動化しておくことが不可欠と考えられます。

今後も熟練作業者の高度な技は、日本の製造業にとっての強みです。しかし、今後は急速に進む人材難により熟練作業者の世代交代が以前のようには進まない事態が予想されます。熟練の技や技術力の伝承は、企業の存続に関わる課題です。熟練作業者のノウハウが健在な今こそ、工場の工程の自動化に着手する決断機なのです。

そうやって、いわば人と機械がともに力を合わせて今から自動化に取り組み生産性と品質を高めていけば、これから訪れる少子高齢化や人口減少で直面する人手不足は十分逆転できるものです。思い立ったが吉日、今すぐにでも手を付けられるところからスタートしてみてはいかがでしょうか。

おわりに

「ジャパン・アズ・ナンバーワン」という言葉や世界中から奇跡といわれた高度経済成長をまるで知らない世代が、日本のモノづくりを担わなければならない時代が来ようとしています。バブル崩壊から30年が過ぎ、若者の多くは物心ついてからただ一度も勢いのある日本の姿を知らないまま育ってきました。

その間に、日本の力の源泉だったモノづくりを支えた熟練作業者たちが次々と引退の年齢を迎え、日本は少しずつ輝きを失っていこうとしています。日本ならではの多くの魅力は下の世代へと受け継がれないまま、少子高齢化がこの国から急速に活力を奪い、日本はこのまま坂道を転がり落ちるように斜陽国家へと変わっていくのでしょうか？

いいえ、小さくても豊かな国、世界から期待されそれに応えていく国へと復活していくチャンスは、まだ今であれば残っています。その重要なカギとなるのが自働化です。

自働化は、製造業で世界のトップに立った日本の熟練作業者たちの素晴らしい能力を、時代を超えてつないでいく方法です。最先端の技術の力を借りて、これからの日本の製造分野の力をさらに高めていくための秘密兵器ともいっていいでしょう。もちろん、それは容易なことではありません。

私の会社は、これまで数多くの自働機の開発を行ってきました。一件一件異なる要望に応え一からオリジナルな製品を提案し、別の注文にはまた別のオリジナルな製品を最初から提案するというように、通常の工業製品では考えられないような手間のかかる作業を何度も何度も繰り返してきたのです。その間、多くの経験とノウハウ、パートナーメーカーとのつながりを培う経験を重ねてきました。

2016年にこの本の最初の版でその思いを公言してから、私たちはさらに進んで、2018年2月にロボットSIer会社を設立しました。ここでは、ずっと困難だとされてきた未だに人手による作業が残されている分野のロボットによる3Dピッキング・AI自律制御、画像処理技術を活用した目視検査の自働化を実現。既に各専門展示会で高い評価を頂いています。もちろん自働化への熱意はこれに止まりはしません。さらに協働ロボットソフトウェアなど、一歩進んだ自働化のための開発にも取り組んでいます。

人手不足が一層深刻化するにつれ、長年かけて培ってきた技術力の劣化傾向は避けられません。特にそれを懸念される中小製造業の経営者の方々にこそ考えていただきたいのが、自働化導入によって拓ける技術伝承の将来像だと信じています。もちろん、今後自働化がどのように進化していったとしても熟練作業者の技術が不要になることはありません。人の技と機械の融合こそ日本のモノづくりが目指す方向だと信じているのです。

私の会社は、人との協同作業が可能な自働化ロボットシステム開発を進め、日本ならではの技術を確実に将来へと引き継いでいきます。そのための「世界にひとつしかないもの」――各工場にとって最も理想的な自働機をお届けするお手伝いができればと願っています。

清水英敦（しみず・ひであつ）
1959年　愛知県生まれ。
大学卒業後、国内大手電機メーカーに入社。工場での生産管理や製造・技術などに携わる。1986年、常盤産業株式会社に入社。前職で身につけた知識と経験を活かし、提案型の営業を実践。1996年に取締役、2000年に代表取締役に就任。自動化提案の強みをもつファブレスメーカーとして、各種の自動機を手がける。「ものづくりの未来を守りたい」という思いから、2018年にロボットSIer企業、株式会社トキワシステムテクノロジーズを設立し、中小から大手製造業まで自動化提案を積極的に行っている。
　認定ファシリティマネジャー（CFMJ）、アマチュア無線技士、メンタルヘルス・マネジメントII種などの資格をもつ。

ブックデザイン　金澤浩二（FUKIDASHI Inc.）

超人材難でも稼げる スゴい工場〔改訂版〕

2019年9月10日　第1刷発行

著者　清水　英敦

発行人　久保田貴幸

発行元　株式会社　幻冬舎メディアコンサルティング
〒151-0051 東京都渋谷区千駄ヶ谷4-9-7
電話03-5411-6440(編集)

発売元　株式会社　幻冬舎
〒151-0051 東京都渋谷区千駄ヶ谷4-9-7
電話03-5411-6222(営業)

印刷・製本　シナノ書籍印刷株式会社

検印廃止

ISBN978-4-344-92507-6 C0034

幻冬舎メディアコンサルティングHP
http://www.gentosha-mc.com/